시니어 파워 시대

초고령 대한민국, 비즈니스 판이 바뀌는 새로운 기회

THE
GREAT
시니어 파워 시대
BUSINESS
SHIFT

최성금 지음

moRan

인구 변화 시대의 시니어 매니지먼트

《시니어 파워 시대》는 기업 경영은 물론, 사회 문화와 정치 행정, 경제 분야를 통틀어 최근 출간된 책들 중 가장 민감한 과제를 다루고 있습니다. 모든 경영자와 정책 담당자, 그리고 우리 사회의 미래에 대해 관심을 가진 일반인도 반드시 일독해야 할 중요한 저술입니다.

인구 구성의 시대적 변화라는 가장 근본적인 사회 구조적 트렌드에 대한 정확한 이해 없이 기업 경영이나 정책 수립에서 중요한 의사결정을 하는 것은 심각한 오류를 발생시킬 수밖에 없습니다. 특히 기업 경영은 눈앞의 미시적 단기 이익을 넘어서 장기적이고 거시적 관점에서 조직의 미래를 선택해야 합니다. 따라서 사회의 가장 기본적인 구성단위인 인구 구조에 대한 이해 없이는 정확한 의사 결정이 불가능합니다.

이 책에서 자세히 설명하고 있듯이 최근 우리 사회의 인구 구성이 베이비붐 세대를 중심으로 근본적으로 재편되고 있는데, 이는 기업의 조직 구성원과 소비자의 성격이 완전히 바뀌고 있음을 의미합니다. 따라서 과거 방식대로의 관성적인 의사 결정과 행동은 전혀 예상하지 못한 심각한 부작용을 낳을 수밖에 없습니다.

또한 인구 구성의 변화는 기업에 속하지 않은 일반인들에게도 중요한 영향을 미칩니다. 예를 들면 부동산이나 주식의 가치는 인구 구성과 밀접한 상관관계를 가질 수밖에 없기 때문에 개인의 자산과 부를 관리하는 방식 자체가 근본적으로 바뀌어야 합니다. 행정 분야는 바로 이런 인구 관련 문제 해결을 위한 정책을 수립하고 시행해야 한다는 면에서 그 중요성을 거론할 필요도 없습니다.

국가의 인구 구성이 급속히 달라지면서 사람들의 욕구와 행동 패턴이 광범위하게 다양해지고 예측 불가능해지고 있는 현재 상황에서 과거 안정적 성장단계에서 성과를 창출했던 정책들을 당연시하고 안주하다가는 국가 전체가 심각한 위기에 빠질 수밖에 없습니다. 우리 사회가 당면하고 있는 초고령화 사회의 위험성은 바로 이런 과거 방식에 안주하는 경향입니다. 지금과 같이 우리 사회 전체가 과거와 현재에 안주하며 급변하는 미래에 대한 도전과 혁신, 창조적 가치창출을 기피하게 되면 인구 규모 자체의 축소 이상으로 무서운 사회문화적 고령화가 오면서 국가 전체가 몰락하게 될 것입니다.

이러한 총체적 위기 상황에서 이 책은 인구 문제에 대한 창조적 재해석을 통해 '시니어 비즈니스'의 혁신적인 모델을 제시함으로써 우리 사회를 재활성화시킬 수 있는 중요한 비전과 전략을 제시하고 있습니다. 즉 시니어 매니지먼트를 중심으로 시니어가 사회의 부담이 아니라 오히려 지속적 성장과 혁신 창출, 경쟁력 원천으로 작용하도록 근본적 시각 전환을 요구하며 다양한 실행 가능한 전략과 정책들을 제시하고 있습니다.

저자 최성금 대표는 급속히 노령화되고 있는 대한민국에게 다시 한 번 도전과 혁신, 창조적 가치창출에 눈을 뜨라고 호소합니다. 최성금 대표는 그 동안 방송계와 문화산업, 그리고 다양한 기업의 CEO로서 이 책에서 제안하고 있는 제안들을 항상 최선두에서 열정적으로 실천해 온 시대를 앞서 나가는 리더입니다. 그녀는 이 책을 통해 강렬하면서도 간명하게 시니어 산업 전반을 통찰하고, 다시 한 번 그 열정의 기름을 우리 사회 전체에 들이붓고 있습니다.

이 책은 시니어 산업 종사자들뿐만 아니라 행정과 정책 담당자, 기업 경영자, 그리고 경영학을 공부하는 학생들에게 우리 사회의 가장 중요한 도전 중 하나인 시니어 부문의 본질적 특성과 당면 과제, 그리고 미래 방향을 정확하게 이해할 수 있도록 도와줄 최고의 길잡이가 될 것입니다.

신동엽(연세대학교 경영대학 교수)

추천사 2

100세 시대, 파워풀 시니어들의 은빛 매직 공간 〈실버니아〉

미국과 유럽, 일본 등 대부분의 선진국에서 인류 역사에서 최초로 100세 인간, 호모 헌드레드(Homo Hundred) 시대가 열리고 있다. 한국도 예외가 아니다. 65세 이상 시니어들의 숫자가 거의 1천만 명에 이르러, 고령사회를 지나 초고령사회에 빠른 속도로 진입하고 있다. 예기치 못한 질병이나 사고로 사망하는 예외적 경우를 제외하고 일정 연령까지 살아남은 한국인의 기대여명은 평균 90세를 향해 진격하고 있으며 건강관리를 잘한 사람들의 경우 100세 가깝게 사는 경우도 적지 않다.

최성금 대표의 책《시니어 파워 시대》는 새벽 별 보면서 출근하여 저녁 달 보면서 퇴근하고 제대로 된 휴일도 없이 월화수목금금금이 당연한 것으로 알고 치열하게 살아온 1천만 명 산업화 시대 베이비부머들, 100세를 향해 진격하는 파워풀 시니어들을 위한 글이다.

내가 지켜본 최성금 대표는 본인이 그렇게 부지런히 살아온 파워풀 시니어 가운데 한 사람이다. 이 책은 그러므로 자신의 이야기이자, 동시대를 살고 있는 시니어 동지들과 100세 시대를 향한 지혜와 통찰을 공유하고자 쓴 책이기도 하다.

최성금 대표가 MBC 사업부문, 인사부문에서 일하면서 경험한 지난 40년간의 주요 이슈들을 같이 생각해 볼 수 있어서 특히 흥미롭다. 우리나라 시니어들이 어떻게 살아왔는지 생생하게 느낄 수 있고, 그 이해를 바탕으로 앞으로 필요한 비즈니스를 연구할 수 있는 단초를 제공받을 수도 있다.

최성금 대표는 특히 〈키자니아〉 브랜드를 한국에 들여와 바닥부터 설계하고 수많은 기업들을 유치하여 한국의 어린이들이 직업체험을 통해 풍부한 상상의 미래를 꿈꾸도록 키워낸 공간설계 전문가이기도 하다.

치열하게 어린이들을 위해 살다가 이제 어느덧 시니어로 접어든 그는 현재 〈시니어TV〉의 책임자가 되어 파워풀한 시니어들을 위한 공간을 꿈꾸고 있다. 산업화 시대를 성공적으로 살아낸 시니어들이 은퇴 후 40년 가까운 긴 세월동안 경로당에 가서 시간을 죽이지 않고 넘치는 끼와 호기심과 취미와 기호를 얼마든지 충족시킬 수 있도록 하는 새로운 공간 〈실버니아〉를 구상하고 있다. 이 공간에서 체험한 경험을 바탕으로 새로운 시니어 비즈니스가 속속 태어나고 변화하며 번창할 수도 있을 것이다.

꿈꾸는 것은 어린이들만의 권리가 아니다. 100세시대, 앞으로도 몇십 년 긴 세월을 눈앞에 둔 시니어들의 권리이기도 하다. 이 책에서는 최성금 대표가 구상 중인 시니어들만의 꿈의 공간이 엿보인다. 책은 그 공간을 위한 정초석(定礎石)이며 그 은빛 공간(silver space)의 문을 열고 들어갈 수 있는 마법의 단어는 '시니어 파워'가 될 것이다.

　기대감과 설렘으로 모든 시니어들에게 이 책의 일독을 권한다.

홍은주(ESG Plus Consulting 대표)

시니어 산업에
질문을 던지는 책

보물선이 바다에 침몰해 있어도 우리는 그 보물을 찾지 못합니다. 어디에 어떻게 묻혔는지 알 수 없기 때문이지요. 시니어 비즈니스도 마찬가지입니다. 베이비붐 세대의 은퇴와 함께 시작되는 미래 산업은 분명 새로운 기회를 제공하지만 그 누구도 쉽게 성공을 보장할 수 없습니다. 어디에 보물이 묻혀 있는지 알 수 없기 때문입니다. 이 책은 시니어 비즈니스에서 보물지도 같은 설명서입니다. 비즈니스를 준비하는 사람이라면 누구나 꼭 한 번 읽기를 추천합니다.

구본일(BTN불교TV 대표이사)

유통물류는 경제 혈류를 순환시키는 국가 산업 발전의 대동맥 역할을 하는 산업입니다. 다가오는 시니어 사회에서 매일같이 생산자와 시니어 소비자를 연결해 주는 유통물류의 역할은 더욱 중요해질 것입니다. 최성금 사장은 문화예술계와 유통산업계에서도 성공한 흔치 않은 경영인입니다. 이 책은 시니어 산업의 전반적인 흐름을 이해하고, 미래에 무엇을 준비해야 하는지 알려주므로 필독서로 추천합니다.

김홍규 (아신그룹 회장)

뻔한 이야기가 아닌 시니어 산업 전반에 관한 상식과 인사이트를 얻을 수 있는 책입니다. 앞으로 끊임없이 '은퇴'라는 주제가 수면 위를 떠다니겠지만, 아직 그 방법과 질서에 대해 뚜렷하게 제시하고 있는 이는 드뭅니다. 이 책은 시니어TV 사장으로 일하는 저자가 현장에서 도출한 시니어 비즈니스의 핵심을 보여줍니다. 준비해야 하고, 지치지 않으며, 더 도약하는 방법을 풀어놓음으로써 우리의 큰 고민 하나가 덜어진 느낌입니다.

엄기영 (전 MBC 사장)

인생의 한 사이클을 다 돌아도 아직 진취적 성향이 녹슬지 않은 최성금 사장의 책을 꼭 한 번 읽기를 권합니다. 그가 지나온 시간마다 대한민국의 중요한 변곡점이 존재했고, 고비마다 특유의 역동적인 카리스마로 과제를 풀어온 그의 평소 생각을 엿볼 수 있습니다. 지치지 않는 열정으로 〈키자니아〉를 성공시키고 이제 〈실버니아〉를 준비하는 최성금 사장에게 시대가 요구하는 비즈니스 흐름을 듣는 소중한 기회가 될 것입니다.

이화석 (학교법인 정석인하학원 상임이사/전 대한항공 전무)

지난 40년간 우리나라 시니어들이 문화예술을 어떻게 향유하며 살아왔는지 생생하게 느낄 수 있는 책입니다. 그 이해를 바탕으로 앞으로 필요한 비즈니스를 연구할 단초를 제공합니다. 시니어 2.0 시대를 맞이하는 기초자료 역할을 충실히 하고 있다는 데에서 일독을 권할 가치가 충분합니다.

정달영(동국대학교 문화예술대학원 원장)

이 책은 1천6백만 시니어 시대에 우리 사회가 갈 방향을 선명하게 제시하고 있습니다. 거대한 물결처럼 밀려오는 시니어 파워는 당면한 과제가 되었습니다. 시니어 파워를 어떻게 활용할지에 따라 우리의 미래는 다르게 전개될 것입니다. 여전히 활발하게 활동하는 액티브 시니어를 어떻게 사회의 유효한 인력으로 만들지 중요한 질문을 던지는 책입니다. 깊게는 노동시장의 유연성에 대한 고민을, 넓게는 청년층의 비즈니스 진출 기회를 모색하게 만듭니다.

정철영(서울대학교 명예교수, 대통령직속 저출산고령사회위원회 위원)

〈키자니아〉에서
〈실버니아〉로 가는 길목에서

이 책을 쓴 첫 번째 이유
나 자신이 당사자이므로

쓸모에 대해 생각해 봅니다. 연말이 다가오면 기업에서는 다음해를 걱정하면서 명예퇴직 신청을 받는 것이 일상이 되었습니다. 기업 입장에서 그들은 쓸모가 다한 것일까요? 인구의 무게 중심이 시니어로 쏠리는 오늘날, 65세는 쓸모의 기준이 되어버린 걸까요?

아닙니다.

얼마 전까지만 해도 저는 어린이 직업체험 테마파크 〈키자니아〉의 사장으로 재직했고, 지금은 시니어 전문 방송 채널 〈시니어TV〉 사장으로 일하고 있습니다. 1984년 MBC에서 직장생활을 시작해 현재 〈시니어TV〉까지 40여 년을 일해 왔습니다. 나 스스로가 시니어 당사자이지만 여전히 현역이며, 앞으로도 더 일할 것이며, 직업을 통해 이루려는 꿈은 더 원

대해지고 있습니다. 제 또래 대부분 시니어들이 저와 다르지 않다고 생각합니다.

60세가 넘은 사람이 국민 5명당 1명이지만, 우리 사회는 여전히 시니어에 대한 이해와 인식이 부족합니다. 이해와 인식이 부족하면 쓰임새를 찾지 못하고 사장되기 쉽습니다. 시니어들의 유효한 능력은 우리 사회가 찾아내기 나름입니다. 60대 몸짱은 흔하고, 디지털 기술은 금세 익히며, 아날로그 세대로서의 대면 접촉 능력 또한 뛰어납니다. 시니어들은 자신들의 장점을 기반으로 더 일하기를 원하고, 그 일이 자기 자신과 가족, 나아가서는 이 사회에 보탬이 되기를 바라고 있습니다. 이들은 왜 이토록 일하고 싶어 할까요?

지나간 40년 동안 시니어들이 어떤 역사적 여정을 거쳤는지 개인적인 경험을 중심으로 PART 01에서 정리해 보았습니다. 시니어를 이해하고 비즈니스를 구상하는 데에 도움이 되면 좋겠습니다.

이 책을 쓴 두 번째 이유
시니어 비즈니스 기회 포착을 위해

미디어에서는 부를 거머쥔 은퇴 세력이 몰려오는 것처럼

호들갑을 떨지만, 대부분 시니어는 노후 걱정에 시달리고 있습니다. 여전히 부모의 도움이 필요한 자녀와 노쇠한 초고령 부모를 동시에 부양하고 있기 때문이죠. 경제 수준이 올라간 만큼 그 이전 세대보다는 씀씀이가 커졌다고 볼 수 있을 테지만 소비자로서의 시니어는 절대 만만하지 않습니다. 부양의 무게만큼 알뜰하고 까다롭습니다. 게다가 과거에는 필요한 것만 소비했지만 이제는 자신이 원하는 것을 소비하기 시작했습니다.

새로운 시니어들이 원하는 제품이나 서비스는 무척 다양합니다. 저속노화를 추구하기 때문에 건강관리를 최우선으로 하고, 이를 위시해 인간관계, 지적 성장, 재무 설계 등 모든 면에서 욕구를 표출합니다. 지금까지와는 전혀 다른 눈으로 시니어 비즈니스에 접근해야 할 시점에 와 있습니다.

하지만 스타트업마저 의료나 요양에 치우쳐 있는 등 시니어 비즈니스의 뚜렷한 성공 전략은 잘 보이지 않습니다. 디지털 기술의 접목, 자산 격차에 따른 소비 다양성, 최다 은퇴 인구, 1차와 2차 베이비붐 세대 특징 등 고려할 사항이 넘칩니다. 그러나 이 순간은 개인에게는 제2의 인생을 설계할 수 있는 발판이 될 수 있고, 국가적으로는 새로운 동력을 만들 기회이기도 합니다.

키즈산업과 실버산업 양쪽을 다 경험한 제 입장에서는 눈

여겨볼 만한 대목들이 있었습니다. PART 02에서는 지금부터 시니어 비즈니스를 어떻게 발전시키면 좋을지 나름의 해법을 담았습니다.

이 책을 쓴 세 번째 이유
공공 시스템 재구축 필요

민간 비즈니스만 세심한 전략이 필요한 것이 아닙니다. 50년 전 한해 1백만 명 태어나던 아이들은 이제 23만 명 남짓 태어납니다. 이는 사회 시스템 전체를 조정해야 하는 단계에 이르렀음을 뜻합니다. 2024년 노인 보건복지 예산 총액은 25조 6천483억 원으로 나라 전체 예산의 3%밖에 되지 않습니다. 국민 20%가 60세 이상 시니어 인구인데도 그렇습니다.

예산 사용처 또한 매우 심플합니다. 기초연금, 노인 일자리, 장기요양, 돌봄 등 네 분야에 쓰입니다. 예산의 증액도 필요하지만 예산을 어떻게 쓸 것인지도 논의되어야 합니다. 2035년까지 시니어층에 진입하는 인구를 계산하면 약 1천6백만 명입니다. 이들이 필요로 하는 복지는 연금, 일자리, 요양, 돌봄 외에도 헤아릴 수없이 많습니다. 더욱 세밀하게 시

시니어 파워 시대

스템을 구축하고 예산을 사용해야 합니다. 예산은 모두가 피땀으로 부담하고 있는 세금이기 때문입니다.

선진국 문턱에서 초고령 사회로 이행하는 대한민국에서 액티브 시니어나, 2모작 3모작을 설계하는 시니어 경계선에 있는 이들을 위한 예산이나 계획은 거의 없다시피 합니다. 2024년 기준 우리나라 단일 세대 중 규모가 가장 큰 2차 베이비붐 세대(1964~1974년생, 954만 명, 비중 18.6%)가 향후 11년에 걸쳐 법정 은퇴연령(60세)에 진입할 예정인데 이들은 또 다른 특징을 갖고 있습니다. 교육 수준이 높고 사회활동 능력이 뛰어납니다.

현재 예산의 약 10%만이라도 시니어와 잠재 시니어들이 필요로 하는 직업 재교육이나 여가문화에 쓸 수 있다면 국가적으로 이득이 훨씬 커질 것입니다. 액티브 시니어로 활동하는 기간을 최대로 잡아서 75세로 예상할 때, 1천6백만 명이 76세까지 1년씩만 사회활동을 연장하면 경제적 파급 효과는 어마어마해집니다. 우선 의료나 요양 등 돌봄 비용이 절감되고, 반대로 생산력을 더 확보할 수 있습니다. 적게 태어나는 만큼 조금 더 활동해서 시스템을 유지시켜 나가는 겁니다. 민간에게만 맡겨둘 일은 아니지요. PART 03에서는 세계적 추세인 건강한 노화와 앞으로의 방향에 대해 중점적으로 다루었습니다.

사실 제 마지막 꿈은 〈실버니아〉 구현에 있습니다. 마치 〈키자니아〉처럼 즐겁게 자기 꿈을 실현해 볼 수 있는 공간을 시니어들에게도 만들어 주고 싶습니다. 생애주기가 변화한 만큼 시니어 문화에는 새로운 패러다임이 생성되고 있습니다. 자기계발이나 커리어 개발 욕구가 갈수록 거세지고 있는 이들에게는 기존의 노인교실이나 경로당과는 다른 공간이 필요합니다. 가치와 품격이 살아있고, 젊은 생각과 행동으로, 정보교류와 자기계발을 할 수 있는 공간, 그것이 바로 제가 꿈꾸는 〈실버니아〉입니다. 관심사를 공유하는 친구를 만날 수 있고, 새로운 스포츠를 배울 수도 있고, 새로운 직업을 위한 재교육이 가능한 곳으로 만들고 싶은 바람이 있습니다.

이런 공간은 국민의료 예방적 차원에서 반드시 필요한 것이라 생각됩니다. 건강하게 나이들 수 있도록 지원하는 것이야말로 고령화로 인한 사회적 비용을 줄여 나가는 효과가 확실하기 때문입니다.

이 책이 시니어 비즈니스의 현황을 파악하고, 새로운 비상을 준비하는 데에 조금이나마 도움이 되길 바라는 마음입니다. 특히 젊은 기업인들이 미래 사업을 구상하는 데에도 길잡이가 되면 좋겠습니다. 시니어 당사자들이 더는 불안해하지 않고 차분하게 제2의 인생을 모색하는 데에도 보탬이 되면 바랄 것이 없겠습니다.

첫 책에 추천사로 응원을 보내주신 구본일 BTN불교TV 대표이사님, 김홍규 아신그룹 회장님, 엄기영 전 MBC 사장님, 신동엽 연세대 교수님, 이화석 학교법인 정석인하학원 상임이사님, 정달영 동국대 교수님, 정철영 서울대 교수님, 홍은주 ESG 경영컨설팅 대표님께 감사드립니다.(가나다순)

언제나 한결같이 응원해 주고 용기를 돋아주는 남편과 승우 내외, 구순을 넘기고도 건강하게 지내시는 친정 엄마에게 한없는 감사와 사랑의 마음을 전합니다.

2024년

최성숙

차례

Part 01
한국 사회의 시니어, 어떻게 살아왔는가

Part 02
시니어는 노인이 아니다

Part 03
미래형 시니어 소사이어티

한국 사회의 시니어,
어떻게 살아왔는가

Part 01

The Age of Senior

지난 40년간 월급이 100배 오르는 동안 물가는 10배 정도 올랐고,
강남부동산은 500배 정도 올랐으며 삼성전자주식은 1500배 정도 올랐다.
1980년대에 3저 현상으로 생애 최고 전성기를 보낸 시니어들은 2020년대에는
3고 현상과 함께 노인 빈곤율 OECD 1위를 견디고 있다. 이 과정의 이해 없이 한국사회의
시니어를 대상으로 비즈니스를 성공시키기란 거의 불가능하다.

만나면 좋은 친구 MBC

_____ **1984년 여름 남이섬**

뽀글뽀글한 파마머리에 고글처럼 생긴 뿔테 안경을 낀 채 한 손에 마이크 줄을 말아 쥐고 열창하던 여대생을 잊을 수 없다. 청아한 목소리에 미사일처럼 쏘아 올리는 고음은 평범한 여대생을 일순간 스타덤에 올려놓았다.

MBC강변가요제는 1979년부터 2001년까지 해마다 여름이 오면 남이섬과 춘천 일대에서 젊은이들을 낭만과 감성의 무대로 초대했다. 이선희가 1984년에 4막5장이라는 팀으로 출전해 부른 〈J에게〉는 1980년대에 20대를 보낸 이들에게는 추억의 책장을 여는 한 페이지로 남아 있다.

MBC강변가요제는 MBC대학가요제와 더불어 가수 등용문 역할을 톡톡히 해왔다. MBC대학가요제는 대학생으로 출연이 제한되었지만 MBC강변가요제는 일반인까지 그 폭을 넓혀 많은 사랑을 받았다. 요즘 방송사 흥행 치트 키라는 가수 오디션의 조상신 격이다. MBC강변가요제로 데뷔한 유명 가수들은 이상은, 박선주, 이상우, 장윤정 등 헤아릴 수 없이 많다. 이들은 아직도 활발하게 가수 활동을 하거나 후배들을 양성하는 일에 매진하고 있다.

〈J에게〉한 곡으로 이선희는 한해 히트곡을 결산하는 '84MBC10대가수가요제'에서 최고인기가요상, 신인상, 10대 가수상을 거머쥐었다. 이후 30년을 평정하는 독보적인 여성 솔로 가수가 탄생하는 순간이었다.

이선희와 나는 MBC 입사 동기인 셈이다. 이선희가 〈J에게〉로 가요계를 강타한 1984년에 MBC에 입사하면서 나의 25년 MBC 인생도 시작되었다. 현재 〈시니어TV〉 사장으로 재직하기까지 방송 산업 종사자로서의 출발이 바로 이 지점에 있다.

현재 한국에서 시니어라고 지칭되는 대다수가 이 시기에 생애 전성기를 보냈음에, 여기에서부터 한국 시니어들이 어떤 일들을 겪고 살아왔는지 나의 경험을 토대로 더듬어 보고

자 한다. 그들이 살아온 과정이나 시대적 배경, 맥락을 이해
하면 좀 더 시니어 산업에 대한 이해의 폭이 넓어지리라 생
각한다. 더불어 비즈니스 측면에서는 한국 시니어들이 필요
로 하는 것에 대한 아이디어가 생길 수도 있을 것이다.

1980년대에는 언론통폐합으로 인해 볼 수 있는 TV 채널
이라고는 1991년 SBS가 나오기 전까지 KBS와 MBC밖에 없
었다. 그 가운데에서도 교양 예능과 드라마 위주로 제작되었
던 MBC는 시청률 부동의 1위를 지키며 드라마 왕국으로 군
림했다. 그야말로 문화 콘텐츠의 총화이자 산실이었다. 미래
세대에게 물려줄 문화 유산이 방송에 누적되어 있다고 하면,
그 유산의 지분 절반 이상은 MBC에 있을 것이다. 이 가운데
MBC강변가요제 22년의 흥망성쇠는 새로운 문화 향유 계층
이 출현하고 소멸하는 과정을 보여주는 대표적 사례이다.
　1980년대는 단군 이래 최대 호황기라고 불린다. 저달러
저유가 저금리의 3저 현상이 현금 유동성을 높여 일반 서민
들의 눈을 틔웠다. 먹고살기에만 바빴던 일반 대중들이 여유
를 가지고 조금씩 문화에 눈을 뜨는 새로운 시대가 시작된
것이다. 이러한 분위기 속에서 마치 축제처럼 1년에 한 번 열
리는 강변가요제는 1980년대, 1990년대 여름 히트송을 책
임졌다.

이후 2001년 닷컴버블의 붕괴와 함께 물가, 금리, 환율이 일제히 상승하는 3고 현상을 맞이함으로써 또 한 번 문화산업은 요동치게 된다. 그러자 대중들의 관심은 문화상품이 아닌 금융상품에 쏠리기 시작했다. 사람들이 TV 화면을 벗어나 다양한 관심사를 찾아 떠나자 강변가요제도 힘을 잃기 시작했다. 2020년대에 이른 현재, 문화는 즐기면서 투자하는 예술상품으로까지 발전해 있다.

___ K팝의 원형을 탄생시킨 MBC의 가요제들

MBC대학가요제는 MBC강변가요제와 함께 매년 열린 대학생 대상의 가요제로, 1977년부터 2012년까지 이어졌다. 지금은 2030세대 혹은 MZ세대, 잘파세대 등 젊은 청춘들을 지칭하는 명칭이 매우 다양하지만, 당시 청춘의 특권과 낭만은 곧장 대학생이라는 이미지로 소구되었다. 대학 캠퍼스는 '낭만'의 대명사요, 미팅은 대학생의 전유물처럼 여겨졌다.

1980년대를 주름잡았던 대학가요제는 단순한 음악 경연대회 이상의 의미를 지닌다. MBC를 지금까지 존재하게 만든 원동력이 여기에서 나왔다고 해도 허언이 아니다. 타 방송사에 비해 젊고 활기차고 예능과 교양이 균형 있게 발달한

MBC는 대학가요제나 강변가요제를 통해 특유의 대중적 이미지를 발산시켰기 때문이다. 군사독재라는 정치적으로 억압된 분위기에서 당대 젊은이들은 대학가요제를 통해 자신들의 감정과 울분을 쏟아냈다. 순위에 들지 않는다 해도 수많은 곡들이 사회적 이슈를 반영하고, 젊은 목소리를 대변했다. 대학가요제는 열정과 창의성을 상징하는 무대이면서, 이후 한국 음악계에 지대한 영향을 미치는 이들의 데뷔 무대였다.

당시만 해도 열 명 가운데 두세 명만 대학에 진학할 수 있어서 이들이 가진 특권의식과 정서적 부채감은 상당했다. 가정에서나 사회에서나 이들에게 거는 기대가 남달랐기에 '가요제에 나와서 노래하는 대학생'은 선망의 대상이었다. MBC가 시대를 앞서가는 방송사라는 이미지를 얻은 데에는 이러한 선망의 대상을 효과적으로 잘 보여준 여러 프로그램들에 그 배경이 있다.

지금처럼 다양한 미디어가 발달하지 않아 TV가 보여주는 이미지에 대중들은 현혹되거나 열광했다. 대학가요제는 당시 우리 사회가 그리는 대학생 이미지에 부합하는 최고의 프로그램이었다. 지금처럼 대형 기획사를 통해 스타를 발굴하고 키우는 시스템이 아니라 순수한 노래 실력자들의 향연이었기에 대학가요제에 입상하는 것 자체는 실력 입증이나 마찬가지였다. 그들이 부르는 노래는 누구나 따라 불러보고 싶은 노래가 되었고, 특유의 분위기를 유지해 나갔다.

대학가요제의 이러한 낭만과 특권은 1992년 '서태지와 아이들'의 등장으로 인해 변곡점을 맞이한다. 대학문화를 대변하던 포크와 록 같은 스타일을 버리고 여러 장르의 참가곡들이 등장하면서 대학가요제 특유의 색채가 희석되기 시작했다.

MBC의 대학가요제와 강변가요제가 없었다면 현재의 K팝은 탄생하기 어려웠을 것이다. 당대의 다양한 비판과 저항정신이 토대가 되고, 그에 영향을 받은 새로운 가요가 탄생하고, 그들이 기성세대가 되어 산업의 중추 역할을 하면서 한국 가요는 1990년대 활황기를 맞이한다.

1990년대에는 한 번 히트했다 하면 음반이 1백만 장은 기본으로 팔려 나갔다. 음반 산업에서 거둔 수익은 신인 발굴 육성 시스템에 투입되었고, 지금의 K팝 산업을 일굴 수 있는 젖줄 역할을 하게 된 것이다.

시니어들이 이 시기를 가장 좋았던 시절로 인식하는 것은 우리나라뿐만이 아니다. 미국과 일본 또한 1980년대에 경제 호황을 누렸고, 이 향수를 토대로 전 세계적으로 1980년대 복고풍 상품이 열풍을 불러일으키고 있다.

올드머니룩이라고 불리는 옛 복고풍 패션과 문화에 젊은 세대까지 가세해서 열광하는 것은 결코 단순한 유행이 아니다. 젊은 세대가 열광하는 올드머니룩은 요란하거나 다양한 것이 아니라 클래식하고 세련된 빈티지 느낌을 준다. 전통적이고 품위 있는 기본적인 아이템을 갖춤으로써 현재의 거친 인스턴트 패션과 차별점을 두려는 의도가 엿보인다. 지속 가능성과 환경에 민감한 젊은 세대에게 고급스러운 한 벌의 올드머니룩은 자신의 세계관을 드러내는 도구이기도 하다. 결국 세계는 다시 원점으로 돌아가고 있는 중이다.

한류의 구분				
구분	한류1.0	한류2.0	한류3.0	신한류(K-컬처)
시기	1997년~ 2000년대 중반	2000년대 중반 ~ 2010년대 초반	2010년대 초반 ~2019년	2020년~
특징	한류의 태동 영상콘텐츠 중심	한류의 확산 아이돌 스타 중심	한류의 세계화 세계적 스타 상품 등장	한류의 다양화+ 세계화 (온라인소통)
핵심 분야	드라마	대중음악	대중문화	한국문화+ 연관 산업
대상 국가	아시아	아시아, 중남미, 중동, 구미 일부	전 세계	전 세계 (전략적 확산)
소비층	소수 마니아	10~20대	전 세계인	전 세계인 (맞춤형 접근)

출처: 문화체육관광부

시니어 파워 시대

_____ 컬러TV의 보급

1970년대와는 다르게 1980년대를 기억하는 데에는 여러 가지 표면적인 변화가 있지만, 무엇보다 컬러TV 보급이 가장 큰 기여를 했다. 기억의 한 장면이 흑백에서 컬러로 전환되는 순간, 1980년대는 그 시절을 기억하는 시니어의 뇌리에 자신들이 가장 빛나고 아름다웠던 강렬한 순간으로 남아 있다. 경제성장률이 한해 평균 8% 이상씩 점프하던 시기였다.

흑백TV에서 컬러TV로 바뀐 것은 생각하는 것 이상의 산업적 상징성이 있다. 방금 만나고 온 사람처럼 그 색 그대로 TV에서 구현되는 기술은 집집마다 지갑을 열게 만들었다. 다채롭고 생동감 있는 화면을 보기 위해, 그 신기한 경험을 위해 TV를 사들이기 시작했다. 이 시기에 삼성과 금성(현재의 LG)이 경쟁하듯 가전제품을 출시하게 된다. TV를 보기 위해 집에서 보내는 시간이 길어지자 냉장고나 전기밥솥 같은 가전제품에 대한 수요까지 늘어났고, 이는 여러 제조 산업의 발전을 함께 촉진시켰다.

사람들은 컬러로 생생한 화면을 보게 되자 여가시간의 대부분을 TV 앞에서 보내게 된다. TV가 보여주는 총천연색 광고에 열광하고, 해당 제품을 소비하기 시작했다. TV의 영향력은 막강했다. 지금 스마트폰을 항상 들고 있어서 오장육부가 아닌 오장칠부라고 부르는 것처럼, 당시는 TV가 오장칠부였다. 집에 들어오면 불을 켬과 동시에 TV를 켰고, 애국가가 울려 퍼져야 TV를 껐다. 이러한 막강한 영향력 아래 성장한 국내 최고 기업이 바로 MBC였고, 그 최고 전성기에 나는 조직의 일원으로 함께하는 영광을 누렸다.

권위주의 통치가 사회 전반을 지배하고 있었지만, 이에 저항하는 뜨거운 열망들이 마치 휴화산 밑의 용암처럼 들끓고 있던 때이다. 1987년 민주화항쟁이 있기 전까지 그 열망들은 문화적 잠재력으로 쌓여갔다. 백남준과 조수미, 정명훈의 정트리오 등은 이미 세계 무대에서 자기 자리를 확보한 위대한 글로벌 1세대였다.

백남준은 비디오 아트를 새로운 예술 형식으로 발전시킨 선구자였다. 지금 젊은 세대들은 백남준을 잘 모를뿐더러 왜 그렇게 세계적으로 유명한 예술가로 추앙받았는지 이해하지 못한다. 비디오 혹은 텔레비전이 상징하는 바가 무엇인지 그 맥락을 모르기 때문이다. 1980년대 TV라는 전파 매체의 출현은 정치 경제 사회 문화 모든 면에서 사람과 사람, 분야와 분야 간 거리감을 좁히는 촉매제로 작용했다. 이를테면 네트워킹, 세계화 같은 현재의 주요한 사회 현상의 단초 역할을 한 것이다. 백남준이 이를 자신의 예술 도구로 삼아 전 세계인에게 대한민국의 존재까지 확실하게 각인시킨다.

백남준을 세계적인 전위예술가로 우뚝 솟게 해준 것은 1984년 1월 1일 뉴욕과 파리를 실시간으로 잇는 위성중계 퍼포먼스 〈굿모닝 미스터 오웰〉이다. 이러한 시도를 통해 백남준은 "텔레비전은 독재자의 명령을 하달하는 정치적인 도구로 기능할 것이라는 조지 오웰의 예언을 부정"하려 했다. 그의 전위적이고 실험적인 비디오 아트는 세계 예술계를 강타했다.

백남준은 텔레비전과 비디오를 단순한 정보 전달 수단이 아닌 창작도구로 활용해서 기술과 예술의 융합을 선보였다. 이후 로봇, 레이저, 위성 방송 등 첨단 기술을 예술에 접목하는 새로운 형태의 미디어 예술을 개척했다. 예술이 바라보는 감상 대상에서 벗어나 삶의 한 부분으로 적극 개입하고 영향력을 발휘할 수 있다는 중요한 메시지를 던진 것이다.

백남준의 주장은 그대로 맞아 떨어졌다. 이미지를 중시하는 현대인들에게 비디오 아트는 정치적 도구가 아닌 자신의 주장을 전달하는 중요한 도구가 된 듯하다. 릴스나 틱톡 같은 숏폼으로 자신을 알리고 홍보하는 일은 개인과 예술가, 언론, 심지어 공무원에게까지 흔한 일이 되었다.

1984년은 손정의가 소프트뱅크를 창업했고, 스티브잡스가 매킨토시를 출시한 해이기도 하다. 이때 애플과 소프트뱅크 주식을 샀어야 한다고 탄식하는 분들을 종종 만난다. 하지만 이 시대를 강타한 최고의 인기상품은 단연코 컬러TV였다. 삼성전자 주식이 국민주식이 된 백그라운드도 여기에 있지 않을까. 삼성은 이러한 가전제품의 인기에 힘입어 반도체로 산업을 이앙(移秧)하는 기반을 다질 수 있었다.

그리고 컬러TV 방송의 시작과 함께 막강한 팬덤을 형성하는 조용필, 전영록 등 한국 대중문화 히어로들이 등장했다. 조용필과 전영록을 사랑한 소녀 팬들은 지금 임영웅 팬덤의 주축이 되어 문화 콘텐츠 파워 소비집단임을 입증하고 있다.

_____ 86아시안게임과 88올림픽

서구사회의 격동기가 1960년대라면 한국 사회의 격동기는 1980년대라고 할 수 있다. 낭만의 시대로 1980년대를 기억하기만은 힘들다. 사실 이러한 문화적 산물들은 국민의 눈을 돌리기 위한 3S 정책의 일환이었다. 국민의 관심사를 정치로부터 최대한 떨어뜨리기 위해 스크린(screen), 스포츠(sport), 섹스(sex)를 적극 활용했다. 프로야구 창설 같은 스포츠 정책부터 국풍81 같은 대형 문화 이벤트까지 관 주도하에 이뤄졌다. 역설적이게도 이 시기 분출한 문화적 산물들이 훗날 대한민국 대표 문화상품이 된다.

1986년 서울에서 아시안 게임이 개최되었다. 이는 2년 뒤 치를 1988년 하계 올림픽을 위한 사전 리허설 성격이 강했다. 서울은 두 가지 대형 국제대회를 앞두고 서둘러 제반 인프라를 갖추기 시작했다. 86아시안 게임과 88올림픽으로 인해 우리 사회는 하나의 큰 분수령을 넘는다. 특히 1987년 6월 민주화항쟁을 겪은 지 1년밖에 되지 않은 시점에서 치러지는 올림픽에 국제사회의 우려가 깊었지만 결과적으로 두 경기 모두 너무나 훌륭하게 잘 치러냈다.

86아시안 게임의 스타는 '아시아의 인어' 최윤희 선수와 '라면소녀' 임춘애 선수로 기억된다. 최윤희는 15세 어린 나이에 출전해 금메달을 2개씩이나 따내며 국민 여동생으로 등극했다. 임춘애는 혜성같이 나타나서 800m 1500m 3000m 결승에서 1위를 해 육상 3관왕에 올랐고 이 기록은 아직 한국에서 깨지지 않고 있다.

두 차례의 잇따른 대형 스포츠 이벤트 덕분에 서울은 기하급수적으로 팽창 확대되어 나갔다. 거리는 성화 봉송 루트를 중심으로 눈에 띄게 깨끗해지고 밝아졌다. 전 세계에 생중계될 서울의 거리가 판자촌으로 뒤덮일 것을 염려한 당국의 조치였다. 재개발과 부동산 투자 붐이 이즈음에 본격적으로 불기 시작했다.

88올림픽은 적자를 낸 이전 올림픽과 달리 흥행에도 성공하고 흑자를 내, 이후 다른 나라들이 올림픽 유치 경쟁에 뛰어들게 만들었다. 88올림픽을 기점으로 국제사회에서 대한민국의 위상이 크게 달라진 것은 두말의 여지가 없다. 한 차례 전 국토가 폐허가 되는 끔찍한 전쟁을 겪고 재건되기까지 최소 100년은 더 걸릴 것이라고 여겨지던 국가가 한강의 기적이라는 말로 대표되는 눈부신 경제발전을 이루고 올림픽까지 개최했다는 사실에 전 세계가 주목했다.

MBC 뉴스의 상징인 〈9시 뉴스데스크〉는 보통 연도를 알리지 않고 날짜만 알리는 "○월○일 MBC 9시 뉴스데스크를 시작하겠습니다"로 앵커의 멘트가 시작되는데, 1988년 9월 17일 올림픽 개회 당일에는 "1988년 9월 17일 MBC 9시 뉴스데스크를 시작하겠습니다"로 정확한 연월일을 언급하였다. 그만큼 감격스러운 날이었기에 앵커는 날짜를 특정하고 싶었을 것이다. 이날 MBC 뉴스데스크의 강성구 앵커는 훗날 MBC 사장이 되셨고 나는 강성구 사장 비서로 근무했다.

MBC는 KBS와 달리 단일 채널이라서 우리나라 선수들이 출전하는 주요 경기 위주로 방송을 내보낼 수밖에 없었다. 여의도와 올림픽공원에 다목적 스튜디오를 차리고 현장 캐스터를 연결해서 중계하는 방식이었다. 또한 MBC는 올림픽 분위기를 띄우기 위해 문화예술 축전을 준비했다. 그 일환으로 마당놀이 〈심청전〉을 비롯한 여러 이벤트를 무대에 올렸다.

첨언하자면, 'MBC마당놀이'는 마당극의 본령인 해학과 풍자로 권선징악을 드러내 많은 이들에게 즐거움과 해방감을 선사해 준 추억의 콘텐츠이다. 2000년 'MBC마당놀이'는 20주년을 맞이했고, 나는 2001년부터 MBC문화사업부에서 이 마당놀이 사업을 맡았다.

내가 맡은 후부터 새롭게 기획해서 내놓은 작품이 2001년 〈암행어사 졸도야〉 2002년 〈심봉사 심봤다〉 2003년 〈제비가 기가 막혀〉 시리즈이다. 1990년에 연출한 〈춘향전〉을 10년이 지난 2000년에 〈마당놀이 춘향전〉으로 동일한 극단과 출연진, 동일한 각색과 같은 연출로 올리고 있는 것은 분명 개선해야 될 부분이 있었다. 록밴드를 배경 음악에 일부 사용하고, 오정해와 서승만, 김영자 등을 기용해 신선한 이미지로 탈바꿈시켰다. 기존의 마당놀이와 달리 사건 이후를 상상해서 꾸미고, 시대적 상황에 맞춰 풍자함으로써 관객들에게 새로운 해학과 즐거움의 요소를 전해줬다. 이후 고등학교 교과서에 수록되는 등 많은 주목을 받았다.

2
대전엑스포와 도우미 탄생

_____ 한 번도 식은 적 없는 교육 열기

MBC에 입사하면서부터 줄곧 인사팀과 인력개발부에서 10년 이상 근무했다. 타 기업이나 조직도 그러하겠지만 방송사는 특히 사람이 중요하다. SNS나 개인 채널이 없던 시대에 TV에 얼굴이 나온다는 것은 스타가 되는 고속도로에 올라선 것이나 다름없었다.

매일 시청자를 마주하는 기자나 아나운서 가운데 스타가 많이 배출되었다. Mr. MBC라는 별명이 붙은 차인태 아나운서를 비롯, 언론계에서 가장 큰 영향력을 미치는 인물 중 한

명으로 꼽히는 손석희 전 JTBC 사장도 MBC 뉴스 앵커로 활약하면서 명성을 얻었다. 저명한 정치인이나 기업인이 된 여성 아나운서들은 거론하자면 입 아플 정도로 많다. 이러한 MBC 구성원을 신입사원부터 중견사원, 임원까지 교육하고 관리하는 것이 인사부와 인력개발부의 주된 업무였다.

86아시안게임과 88올림픽을 경험하고, 1989년에 해외여행 자유화가 시작되자 국민과 사회의 눈높이는 더 이상 국내에 머물지 않았다. 먹고사는 문제가 해결되자 대학교 진학률도 부쩍 높아졌다. 고교 평준화의 영향을 받아 대학 서열화가 가속화되는 분위기였다. 웬만한 서울 소재 대학교를 졸업하면 취업은 그럭저럭 할 수 있었다.

그러나 국내로는 안 되겠는지, 여유 있는 중산층 가정에서는 자녀들을 해외 대학에 보내기 시작했다. 1970~1980년대에 고위인사들이나 상류층의 전유물이었던, 해외 유학에 성공해서 대학교수가 되는 엘리트 코스가 중산층의 희망이 되었다. MBC 입사 희망자 가운데에도 해외 대학 출신 석박사는 물론 행정고시나 사법고시를 패스한 인재들이 줄을 서기 시작한 것이 이 무렵이다.

당시 나는 인력개발부에서 해외연수 프로그램을 담당했다. MBC는 중국이나 러시아와 국교를 수교하기 이전부터 연수 프로그램을 운영했을 뿐만 아니라, 신입사원 연수 과정에 언어교육을 필수 프로그램으로 넣었다. 시대 상황에 뒤처지지 않고 글로벌 역량을 강화할 수 있는 기회를 사위들에게 부여한 것이다. 해외장기 연수를 통해 영어, 일어, 러시아어, 불어 등 외국어 구사 능력을 한 가지만 익혀도 조직에는 큰 도움이 된다. 국제 감각을 갖춘 전문 인력 양성은 MBC의 명성에 맞게 사람을 성장시키고 유지하는 데에 필요한 일이었다.

1990년대 초반의 특징은 한마디로 세계화의 바람에 올라탄 뜨거운 교육열이라고 하겠다. 1989년 베를린 장벽이 무너지고 1991년 소비에트 연방이 해체하자 세계는 급속도로 경계를 허물기 시작했다. 미국과 소련 사이의 냉전체제가 종식되고 나니 그동안 한을 풀려는 듯 사람들은 세계로 눈을 돌렸다. 이 시기 국내에서는 김영삼 정부가 '세계화'를 국정 과제로 삼는다. 교육에도 세계화를 향한 일대 지각변동이 일어나 영어교육과 해외연수가 봇물 터지듯이 터졌다.

현재 그 여파를 가장 심하고 겪고 있는 계층이 바로 지금의 70대, 80대 실버들이다. 자식들 뒷바라지에 젊음과 경제력을 온전히 쏟아 부은 결과, 한국은 OECD 국가 중 노인빈곤율 압도적 1위라는 불명예를 안고 있다. 한국의 실버 세대들은 이 상황을 불행하게만 여기지는 않는다. 아직도 여력이 있다면 자녀를 도와주려는 노인들은 많다. 이 또한 한국 노인들만의 특징이다. 할 수만 있으면 더 일을 해서라도 자식들에게 주고 싶어 한다. 유럽이나 서구사회에서는 65세가 넘으면 은퇴는 당연하고 국가에서 주는 복지혜택을 누리며 여생을 즐기고 싶어 하는 것과는 무척 다른 태도를 갖고 있다.

하지만 윗세대와 달리 수많은 교육 혜택과 고도성장의 햇빛 아래 성장한 지금 시니어 세대들은 '여생'이라는 단어조차 입에 올리지 않는다. 자신에게 주어진 시간은 모두 현생이며, 따라서 자녀를 대하는 태도나 가치관, 경제관념이 이전 실버 세대와는 큰 차이를 보이고 있다.

___ 방송교육의 산실 MBC아카데미

1990년대에 MBC는 초호황기를 반영하듯 매년 광고 매출 신기록을 갱신하고 있었다. 매일 밤 9시를 책임지는 뉴스데스크, 방송했다 하면 시청률 50%는 쉽게 넘기는 미니시리즈와 주말 드라마, 공익성을 재미와 감동으로 포장한 예능, 강력한 고발 프로그램 등이 골고루 전 국민적 사랑을 받았다. 특히 전통과 실험이 공존하는 라디오는 그야말로 넘사벽이었다. 이렇게 곳곳에 포진해 있는 MBC 프로그램들이 국내

광고시장을 실질적으로 견인했고, 각각의 위치에서 공동체 발전을 위해 크게 기여했다고 생각한다. 이는 MBC 인재개발 프로그램으로 잘 교육받은 인력의 우수성 말고는 달리 설명하기 쉽지 않다.

이 무렵 MBC는 지역 방송사 외에 서울에 다양한 자회사를 설립하고자 치밀하게 준비해 나간다. OSMU(One Source Multi Use), 즉 방송 콘텐츠를 원천 소스로 활용해서 사업영역을 넓힐 수 있도록 분사를 적극 추진하기에 이른다. MBC프로덕션(현 MBC C&I), MBC미디어텍, MBC아카데미와 MBC예술단(현 MBC C&I), MBC미술센터(현 MBC ARTS) 등 제작이면 제작, 교육이면 교육 등 성격에 맞는 자회사들을 만들어 나갔다.

나는 당시 방송사 최초 시도였던 자회사 설립 업무에 본격 투입되어 여러 분야의 실무를 담당했다. 개인적으로는 자회사를 설립하면서 쌓은 다양한 경험이 훗날 엄청난 자양분이 되었음을 부인할 수 없다.

여러 자회사를 설립하는 일에 성공적으로 참여한 후에는 'MBC아카데미'에 2년 동안 파견근무를 하게 되었다. 인사관리와 인재개발을 오랫동안 담당해 온 노하우를 살려 교육에 가장 근접한 사업을 맡게 된 것이다.

당시 아카데미 개설 과목은 카메라, 음향, 분장, 연기, 방송

작가, 아나운서, 영상편집 등이었는데, 문을 열자마자 그야말로 대박이 터졌다. 300명 모집에 3천 명이 넘게 지원서를 보내와서 마치 MBC 입사시험을 방불케 했다. 1980년대 컬러TV로 방송 프로그램을 보고 성장한 20대가 사회에 진출할 때와 맞물려 아카데미 사업은 크게 흥행했다. MBC방송아카데미가 선망의 대상이었던 방송사에 취업할 수 있는 또 다른 통로 역할을 한 것이다. 이때 MBC아카데미가 배출하고 MBC 본사를 통해 성장한 인물이 〈대장금〉의 김영현 작가, 〈인어아가씨〉의 임성한 작가, 〈겨울연가〉 오수연 작가, 이재용 아나운서, 김은혜 국회의원 등이다.

현재 대한민국 인구 분포 비율 가운데 가장 많은 비율을 차지하는 출생자는 1969~1972년생 구간이다. 이들이 대학을 졸업하고 사회에 진출할 무렵, 서울은 지방의 20대 청년들을 블랙홀처럼 빨아들였다. 지금도 지방 이탈은 계속되고 있지만, 당시는 훨씬 더 올라오는 젊은이들이 많았다.

하지만 취업을 위해 서울로 와도 막상 취업하기가 쉽지는 않았다. 특히 자신들이 선망하고 눈높이에 맞는 기업으로 들어가기 위한 중간 연결고리 역할로 사설 아카데미를 거치는 경우가 많았다.

이 수요와 맞물려 MBC아카데미는 아나운서나 기자, 방송작가를 키워내는 산실 역할을 톡톡히 하면서 자리를 잡게 된다. 우수한 학생들에게 MBC에서 인턴으로 근무할 수 있는 기회를 부여했고, 실질적인 방송 경험을 쌓고 방송 관련 직종에 취업이 용이하게 되자 학생들 사이에 가장 믿을 만한 교육기관이라는 평가를 받게 되었다.

___ 1993년 대전엑스포

MBC아카데미에서 쌓은 교육 경험이 백분 발휘된 곳이 바로 대전엑스포이다. 1980년대 하면 아시안게임과 올림픽이 떠오르는 것처럼 1990년대 하면 떠오르는 대형 이벤트는 대전엑스포이다.

대전엑스포는 88올림픽 이후 최대 국제행사로 공식 명칭은 '1993 대전 세계박람회'이다. 개발도상국인 대한민국이 주최한 최초의 세계박람회라는 역사적 의의가 있다. 108개국과 33개 국제기구가 참가했고, 200여 개의 국내기업이 참가했다. 방문객이 1,450만 명에 이르러 국민 3명 중에 1명은 대전엑스포에 다녀왔을 정도로 성황리에 치러진 국제 행사이다.

이 큰 행사에 입장객의 편의를 돕는 안내요원을 배치할 계획이 수립되었다. 정부가 직접 할 수 없어서 민간 기업에 위탁하기 위해 안내요원 운영 프로그램이 경쟁 입찰에 부쳐졌다. 1992년 〈엑스포도우미선발교육〉을 MBC아카데미가 경쟁 입찰로 따낸다. 안내요원을 대체할 적당한 단어가 없었는데 '도우미'라는 고유 명칭도 붙였다. 지금은 '도우미'라는 단어가 일상에서 익숙하게 사용되지만 '안내요원'이라는 명칭도 생소할 때였다. 일본식으로 '컴패니언걸'이라고 안내요원을 부르자는 의견도 있었지만, 도움을 주는 아름다운 사람이라는 의미에서 '도우미'라는 우리말을 공모를 통해 선정했고, MBC의 막강한 전파력으로 널리 퍼뜨려 누구나 쓰는 단어가 된 것이다.

당시 안내요원(도우미) 프로그램 입찰 경쟁사는 대한민국 유수의 항공사였다. 대한민국에서 승무원 교육을 최초로 실시한 항공사로, 서비스 교육에서는 MBC아카데미보다는 베테랑임에 틀림없고, 적임자로 보일 수도 있었다.

경쟁 프레젠테이션에서 'MBC아카데미'를 성공시킨 경험을 살려 잘할 수 있는 점을 최대한 어필했다. MBC 아나운서로부터 언어교육을 받게 하겠다, 대전엑스포가 뭔지 사람들이 잘 모르니 인기 연예인을 명예 도우미로 임명해서 책임지고 흥행시키겠다 등등 MBC아카데미만이 할 수 있는 것을 차분하게 프레젠테이션했다. 그리고 입찰을 따내 〈엑스포도우미선발교육〉 프로젝트를 수주했다. 이 일로 상공부 표창을 받는 등 내 개인사에서도 매우 명예롭고 중요한 순간으로 남아 있다.

〈엑스포도우미선발교육〉을 맡아서, 당대 인기 최고의 탤런트 '채시라'와 '유지인'을 명예 도우미로 임명하고 도우미 모집 홍보에 나섰다. 도우미는 700명을 선발하기로 했다. 당시 대전엑스포 조직위원장이었던 오명 문화부(현 문화체육관광부)장관은 2천 명 정도 응모해서 3대 1 정도로만 뽑아도 모양새가 좋겠다는 바람을 내비쳤다. 그런데 예상을 뛰어넘고 10배가 넘는 2만 명 이상이 지원했다. 컴퓨터도 없고 순전히 사람의 손과 발을 빌려 2만여 명의 지원서를 일일이 다 검토하고 골라내야 했다.

정해진 기간 내에 서류, 면접, 선발까지 다 마쳐야 하는 촉박한 일정이었다. 지원서를 500장씩 라면박스에 담아 택시를 타고 심야에 MBC 간부와 PD와 아나운서, MBC아카데미 교수들 집을 돌면서 한 박스씩 실어날랐다. 다음 날 아침에 수거하러 올 테니 1차 선별을 해주십사 부탁했다. MBC가 전사적으로 움직인 끝에 정해진 기간 안에 2만여 명의 응시자 가운데 700명을 다 선발했다. 이 일을 시간 맞춰 해내느라 일주일 동안 퇴근은커녕 한숨도 못 자고 꼴딱 새웠다. 그 상태에서 옷만 겨우 갈아입고 아들 초등학교 입학식에 갔더니 담임선생님께서 어머니 얼굴이 왜 이렇게 안 좋으시냐고 아

시니어 파워 시대

프신 거 아니냐고 걱정할 지경이었다.

당시 MBC아카데미 대표가 역할이 주어지면 반드시 돌파해내는 내 업무 스타일을 지켜보다가 "최성금 씨는 MBC에 계속 있으면 최소 자회사 상무나 사장은 할 거예요."라고 하셨던 게 기억에 남는다. 1990년대였으니 MBC에서 여성이 국장이나 임원을 한다는 것은 상상하지 못할 때였다. 또한 직원들이 모인 자리에서 "최성금이라는 사람은 집안일을 팽개치고 회사일밖에 모른다고 오해할 것 같은데, 회사일 잘하는 사람은 집안일도 절대로 엉터리로 하지 않습니다. 분명히 집안일도 잘해내고 있을 거예요."라고 말씀하시며 따뜻한 용기를 주었다. 일과 가정의 양립이 얼마나 힘든 일인지 알아주셨고, 나에게는 지금까지 안팎으로 최선을 다해 살고 있는 하나의 지침이 되었다. 피나는 노력을 하고 있음을 인정받은 것 같아 정말 기억에 많이 남아 있다.

그리고 훗날 그분의 말씀대로 MBC 자회사 사장을 8년 가까이 했다. 이후 다른 중견기업의 사장을 거쳐 현재 〈시니어TV〉 사장까지, 15년 이상을 직업이 CEO인 사람으로 살고 있다. 치열하게 직장생활을 하는 여성들 대부분이 그러하듯이 나 또한 안팎으로 다 잘하는, 자신의 커리어에 직장과 가정이 양립할 수 있는 최성금으로 살기 위해 최선을 다하고 있다.

아날로그에서 디지털 사회로 전환되기까지 1990년대 업무 스타일은 '안 되면 되게 하라'였다. '되면 한다'고 외치는 요즘 세대에게는 최선을 다하는 이런 자세가 한심하게 여겨지기도 한다. 안 될 것을 뻔히 알면서 쓸데없는 노력을 한다고 여긴다. 그 생각이 맞을 때도 있지만 틀릴 때도 있다. 해보기 전까지는 모르는 일이다. 어쩌면 무모해 보이는 수많은 도전을 해왔기에 지금의 대한민국이 있다는 자부심이 시니어들 가슴에는 늘 가득 차 있다.

____ 국민소득 1만 불 시대와 중산층

베이비붐 세대가 사회에서 안정적인 경제활동을 하는 구간에 들어선 것이 1990년대 중반이다. 인구 수도 많고 경제활동 인구도 많은데 3저 호황의 여운이 남아 있어서 시중에 돈이 완전 마른 것은 아니었다. 당시 발매하는 음반마다 1백만 장, 흥행하는 영화마다 1백만 명 관객을 돌파하기 예사였으니 국민의 주머니 사정은 상대적으로 좀 여유로웠다고 할 수 있다.

1994년에 처음으로 1인당 GDP 1만 달러를 돌파해 염원하던 국민소득 1만 불(萬弗)시대에 접어들었고, 1995년에는 국내총생산 세계 11위를 차지하였으며, 1996년에는 일본에 이어 아시아에서 두 번째로 OECD 회원국이 되었다.

가파르게 오르던 서울의 부동산 가격 또한 1기 신도시 분양 등에 힘입어 안정세를 되찾았다. 직장인 평균 급여가 처음 1백만 원을 넘기는 등 소득은 오름세를 보였다. 소득이 증대되는 것에 비해 물가는 크게 오르지 않아서 소비와 저축이 고루 순환되는 어찌 보면 다시 볼 수 없는 안정적인 시기였던 것 같다. 한마디로 중산층 폭이 넓고 두텁게 유지되어, 자신을 중산층에 포함시키는 사람이 많았다.

우리나라 사람들은 유난히 튀는 것을 싫어하는 집단주의 경향이 짙다. 감정 전파력도 세고 유행에 민감하다. 해외여행 자유화가 되면 집집마다 해외여행을 떠나고, 어느 집에 냉장고를 샀다고 소문이 나면 그 라인은 다 그 냉장고가 들어간다. 1990년대 방문판매가 성행했던 것도 이러한 경향을 무시할 수 없다. 다닥다닥 붙은 골목집도 첫 번째 집에서 빨간 벽돌로 이층집을 다시 지어 올리면, 그 골목길은 비슷한 빨간 벽돌 이층집들로 개량된다. 지역감정이 갑자기 세를 확장한 것도 집단주의의 영향을 무시할 수 없다.

이러한 배경으로 볼 때 중산층이냐 아니냐는 매우 중요한 문제였다. 저물가와 고소득이 유지될 때까지는 우리나라 중산층은 항아리 모양으로 형성되었다. 적어도 자신이 중산층에 속한다고 답한 사람이 70% 이상이었다.

　이 환상이 깨진 것은 1997년 외환위기를 맞이하면서이다. 지금도 충격적으로 기억나는 것은 아이스크림 가격이다. 당시 초등학생 아들이 좋아하던 B사 아이스크림은 싱글 콘 하나에 800원, 900원 가량이었다. 아마 미국에 본사를 둔 회사여서 1달러 기준으로 판매한 것 같다. 이후 IMF가 오자 한 달 만에 갑자기 아이스크림이 2,300원으로 올라서 깜짝 놀랐던 기억이 난다. 한 번 오른 아이스크림 가격은 IMF가 끝나고 환율이 제자리를 찾아도 내려오진 않았다. IMF 때는 환율이 미친 듯이 올라서 1,900원까지 치솟았다.

　그간의 지나친 저환율 정책으로 인해 외환보유고가 바닥이 나 1997년 말에 외환 위기가 발생했고, IMF로부터 구제금융을 받아오기에 이른다. 연쇄작용으로 한국에 투자했던 달러도 빠져나가고 기업은 휘청거린다. 그러면 자연스럽게 시중금리가 오른다. 자연스럽게라고는 하지만 금리가 20%까지 치솟는, 중산층 서민으로서는 감당하기 어려운 상황을 맞이한다. 전혀 예상치 못하고 있다가 갑자기 환율과 이자가 치솟자 시중에 돈줄이 바싹 말라버린다.

　은행이 문을 닫고, 그룹이 통째로 파산하고, 기업은 신규 직원을 채용하기는커녕 있는 사람을 잘라내기에도 바빴다. 수십만 명이 하루아침에 거리로 나앉았고, 출근한다던 아빠를

오락실에서 마주친 이야기는 대중가요 가사가 되었다. 재벌이 아닌 이상 유학 가 있던 학생들은 중도에 공부를 포기하고 돌아올 수밖에 없었다.

세월호 사건이 안전에 대한 국민적 트라우마를 남겼다면, IMF는 돈에 대한 국민적 트라우마를 남겼다. 그때 방송사에서 금모으기 운동을 주도하는 등 많은 노력을 한 끝에 금세 회복하기는 했지만, 지금의 시니어들은 당시 처참했던 상황을 분명하게 기억하고 있다. MBC에서도 대규모 명예퇴직이 시행되었고 특히 여직원들에게 보이지 않는 무언의 압박이 있었다.

_____ 여성의 사회진출

MBC아카데미 파견 근무를 하던 중에 대전엑스포를 훌륭하게 치른 성과를 인정받아, MBC 비서실에 보직이 배치되었다. 1993년부터 1996년까지 비서실 소속이었는데, 당시 비서실에는 기혼여성이 없었다. 치마 정장을 입은 미혼여성이 비서의 전형이었다. 하지만 나는 초등학생 학부모이면서 바지정장을 입고 안경까지 착용한 채 근무에 임했다. 비서의 고정관념을 깨는 행동이었다. 비서는 사장이나 임원이 효율적으로 업무를 처리할 수 있게 보필하는 역할이지 보기 좋으라고 앉아 있는 사람이 아니라고 생각했기 때문이다.

사장실 비서 근무를 할 때 한 번은 청와대 ○○수석실에서 전화가 걸려왔다.

"청와대 ○○수석실~."

이러고 다음 말이 없었다. 매번 그런 식이었다. 청와대 ○○수석실에서 MBC에 업무가 있어서 전화를 걸었으면 그 다음에 무슨 말을 해야 하는데 마치 '너 내가 누군 줄 알지? 얼른 사장 바꿔 봐.'라는 뉘앙스로 "청와대 ○○수석실~."이러고는 말이 없는 것이다.

처음에는 뭔지도 모르고 당했고, 몇 번은 참았는데 도저히 그냥 넘기면 안 될 터였다.

"행정관님, MBC 비서실 수석비서 최성금입니다. 끝까지 풀 센텐스를 써주십시오."라고 말했다.

수석비서라는 직함은 있지도 않았는데, 전화를 건 쪽에서 수석실이라고만 하고 말꼬리를 잘라먹으니 나도 맞서 배짱을 부린 것이다. 비서실에 있는 사람은 아가씨일 것이고, 젊은 사람에게는 반말해도 된다는 인식이 없지 않고서야 어떻게 그렇게 말하겠는가 싶었다.

"삼청동이라고 사장님께 전하세요."라는 사람도 있었다. 보안사가 삼청동에 있었으니 그렇게 말하면 어디서 전화가 온 건지 알아들으라는 뜻이었다. 하지만 사장님께 "성은 삼이고, 이름이 청동이라는 사람한테 전화 왔는데 받으시겠습니까?"라고 말씀드렸다.

이런 일들이 있은 후부터 사장님은 나를 최 수석이라고 불렀다. 유연하고 강직한 사장님을 만났으니 망정이지 권위주의에 찌들고 권력에 잘 보이려고 아부하는 사장이었다면 나는 그 자리에서 크게 혼나고 다른 부서로 쫓겨났을 것이다.

지금은 있을 수 없는 일이다. 여성이라고 무시하거나, 단어 하나라도 성적 비하 발언이 있으면 하루아침에 정치인도 옷을 벗어야 하는 세상이다. 이전에 선배 여성들이 직장에서 여성으로서 겪어야 했던 차별들을 작게나마 개선시키려 노력해 왔기 때문에 이런 환경이 조성이 된 것이라 생각한다. 나 또한 비서실에 근무하면서 그동안 너무도 당연시되었던 호칭이나 발언, 행동 등에 당당하게 맞섬으로써 여직원 처우 개선에 일조했다는 자부심이 있다.

불의를 그냥 참고 넘기지 못하는 내 성격은 비서실을 떠나 사업부 근무에서도 여실히 드러났다. MBC가 ㈜문화방송이니 사내에서는 문화 사업을 담당하는 사업부를 문화는 빼고 그냥 사업부라고 불렀다. 기획사나 제작사가 공연을 주도하는 최근과 달리 당시에는 방송사가 공연예술 시장에서 주도적 역할을 담당했다. 그 가운데에서도 방송매체를 보유한

MBC가 단연 독보적이었다. 화면 하단에 흘림자막 한 줄만
내보내도 바로 티켓 구입 문의가 빗발쳤고, MBC가 주최한
공연은 내놓기가 무섭게 매진을 기록했다.

내가 자원하기 전까지 사업부는 여성에게 금단의 부서였
다. 처음에는 비서실 근무를 마치고 익숙한 인력개발부에 돌
아가려고 했다. 하던 일이니 더 잘할 수 있고, 승진까지 보장
받았으니 금의환향이나 다름없었다. 하지만 이때 아니면 언
제 사업부에서 일해 보랴 싶은 생각이 들어 깊게 고민했다.
선택권이 주어진다면 한 번쯤은 현장을 누비는 역동적인 일,
아무도 해보지 않은 일에 도전하고 싶었다.

단지 여성이라는 이유만으로 행해지는 차별을 대수롭지
않게 여기는 기업문화와 그 기업문화를 이끄는 남성 리더들
이 사회 곳곳에 존재하던 시절이었다. MBC라고 해도 다르
지 않았다. 사업부는 여성을 노골적으로 기피했다.

20여 년 MBC가 어머니 품처럼 품어주었기에 늘 MBC에
감사한 마음을 갖고 있다. 성취의 많은 부분이 MBC가 있
어서 가능한 일이었음을 잘 알고 있다. 입사 시기가 비슷했
던 동료들이 방송계의 임원으로 활동하는 것을 보면서 절정
의 시기를 함께 보내게 해준 '회사'의 존재에 감사를 표하게
된다.

그러나 훌륭한 여성들이 MBC에 많았음에도 내가 퇴사할

때까지 여성 CEO가 단 한 명도 없었던 것에는 '갈 길이 멀다'는 생각이 들었다. 그녀들이 '중도하차'할 수밖에 없었던 사회문화적 벽은 실로 견고했다.

지금 5060여성이 20대, 30대를 보낸 1990년대에는 대학에서 여성학이라는 과목이 개설될 정도로 여성의 사회진출이 화두였다. 언제부터 커피를 타주는 미스김이 사라졌는지 돌이켜 보라. 현재 2030여성의 활발한 사회활동은 줄기차게 일터에서 문제점을 개선시키며 노력해 온 선배 여성 직장인이 있었기 때문에 가능한 결과가 아니겠는가. 그런 점에서 젊은 세대 혹은 후배 세대들은 선배들을 꼰대라고 몰아세울게 아니라 윗세대에 대한 존중을 좀 가졌으면 좋겠다는 생각을 한다.

월드컵과 광장문화

_____ 세기말 현상을 벗어나 한류 토대 마련

IMF 조기졸업과 새천년의 도래는 우리 국민에게 많은 희망을 안겼다. 일본처럼 잃어버린 10년을 겪을지도 모른다는 불안감에서 벗어나자 대중들은 다양한 문화상품을 적극적으로 다시 소비하기 시작했다.

한창 유행했던 '드라마 폐인'이라는 말은 MBC에서 방영된 〈허준〉(2000)과 〈다모〉(2003)를 통해 나왔다. 이 드라마는 충성도 높은 팬층을 확보, 콘텐츠를 다양하게 변용하는 2차 콘텐츠 생산 문화의 모태가 되었다.

시니어 파워 시대

〈허준〉은 MBC에서 1999년~2000년 사이에 방영되었는데, 2000년 이후 방영된 드라마 가운데서는 유일하게 50%가 넘는 평균 시청률(53%)을 기록했다. 〈조선 여형사 다모(茶母)〉는 시청률 대박은 아니었지만 '다모폐인'을 양산시킬 정도의 마니아 드라마였다. 두 드라마 모두 〈조선왕조실록500년〉에 갇혀 있던 MBC 사극을 퓨전 사극이 가능하도록 밖으로 끌어낸 역할을 하였다.

이처럼 풍부해진 드라마 콘텐츠는 MBC뿐만 아니라 KBS와 SBS에서도 이어져 한류 열풍의 토대가 된다. 2002년 방영된 〈겨울연가〉로 배용준은 일본 중년여성의 황태자로 등극했다.

MBC에서 2003년~2004년 방송한 〈대장금〉은 역대 드라마 평균 시청률 5위에 들 정도로 국내에서 대단한 인기를 끌었고, 해외에서는 더욱 큰 인기를 끌었다. 이란에서는 최고 시청률 90%까지 기록한 적이 있으며, 2013년까지 팔린 해외 판권만 해도 87개국이다. 〈대장금〉을 기점으로 〈이산〉〈주몽〉〈선덕여왕〉 등 MBC 사극이 굴비 엮은 두름처럼 해외에 수출되는 기현상까지 보였다. 2009년 방영된 〈주몽〉도 이란에서 시청률 85%를 기록했다. 〈주몽〉의 영향으로 한국 상품의 이란 내 선호도가 높아졌으며, LG전자는 주몽 역의 배우 송일국을 전속모델로 기용함으로써 이란에서 상당한 매출을 신장시켰다.

뭐니 뭐니 해도 한류 드라마의 원조는 드라마 〈사랑이 뭐 길래〉이다. 1997년 중국 CCTV 제1채널을 통해 베이징에서 전파를 탔다. 매주 일요일 오전 9시부터 2시간 동안 방영되며 12월 말까지 높은 시청률을 기록했다. 1992년 한중 수교를 한 이래 5년만에 빠르게 중국에서 드라마로 한류의 물꼬를 튼 것이다.

MBC의 영향력이 또 한 번 확인되는 것은 당시 베스트셀러 목록이다. 〈느낌표〉라는 프로그램이 있었고, 그 속에 '책 책 책 책을 읽읍시다'라는 코너가 있었다. 시중에 나온 책들은 이 코너에 소개되면 모두 베스트셀러가 되었다. 지금은 드라마에 책 표지라도 한 장 보여주려면 PPL 계약을 체결해야 하지만 당시에는 제작진이 좋다고 여기는 책을 장면 속에 넣었다. 그리고 방송을 타면 어김없이 베스트셀러가 되곤 했다. 2002년을 예로 들면 1위 《아홉살 인생》, 2위 《봉순이 언니》, 3위 《그 많던 싱아는 누가 다 먹었을까》였다. 베스트셀러 1~3위 모두 '책 책 책 책을 읽읍시다'에서 소개한 책이다.

여기서 우리는 5060세대의 특징을 또 하나 발견할 수 있다. 그 어느 세대보다 책이라는 매체에 익숙하다는 것이다. 어린 시절 책읽기 외에 다른 문화 활동에 대한 경험이 적어서 책에 대한 친밀함이 매우 깊다. 지역 기반 주민 활동 프로그램 가운데 글쓰기 강좌가 봇물을 이루고, 생애자서전에 도전하는 사람이 많은 것도 책을 친숙하게 여기기 때문이다. 전자책과 오디오북, 유튜브 등 디지털 콘텐츠가 넘쳐도 뭔가 새로운 도전과 공부를 하려면 책부터 찾아보는 습관이 들어 있다.

_____ 뮤지컬 산업이 궤도에 오르다

2000년대 초반 MBC 사업부 또한 괄목할 만한 성장을 하고 있었다. 사업부는 공연, 전시, 공익사업을 담당하는 부서로써, 어린이뮤지컬, 마당놀이, 가족뮤지컬, 신파극 등을 직접 주최하고 진행해서 다양한 계층에서 보다 많은 양질의 문화를 체험할 기회를 늘려나갔다. MBC미술대전이나 MBC창작문학대상 등의 굵직한 문화예술 사업을 펼쳤을 뿐만 아니라, 브로드웨이와 웨스트엔드의 유명 뮤지컬을 한국 관객들에게 소개하며 뮤지컬 문화를 확산시키는 데 큰 기여를 한 바 있다.

국민소득 2만 불을 넘기면 뮤지컬이 산업화된다는 말이 있었다. 그 정도 경제적 여유를 갖출 때 오페라의 하위단위로 취급받던 뮤지컬이 독자적인 장르로 대중들에게 인식될 수 있다는 의미이다.

2001년에 〈오페라의 유령〉이 국내에 처음 라이선스를 들여와 소위 말하는 대박을 쳤다. 이에 자극받은 공연계는 여러 해외 유명 뮤지컬을 라이선스 계약을 맺고 들여오기 시작했다. 그중에서도 MBC 사업부가 예술의 전당이나 세종문화회관, 유수의 극단들과 공동 주최로 무대에 올린 공연은 관객의 큰 호응을 얻었다. 〈아가씨와 건달들〉 〈맘마미아!〉 〈렌트〉 〈시카고〉 〈캣츠〉 등이 있다. 초창기 뮤지컬 산업이 이 땅에 정착하는 데에는 홍보 파급력이 막강한 MBC 사업부의 공이 컸다고 자부할 수 있다.

내가 처음 공연을 담당하게 되었을 때는 연간 스케줄로 이미 정해진 작품들이 많았다. MBC 타이틀로 공연을 기획하고 TV에서 알리기만 해도 평균 수준의 흥행은 거뜬했다. 주어진 예산과 일정대로 극작가부터 배우까지 필요한 인력과 공연장을 섭외하고, 순서대로만 처리해도 흥행의 절반은 보장받을 수 있었다.

관행대로 일하면 편하지만 그렇게 할 수는 없었다. 당시에 나는 작품을 맡으면 기획 단계부터 머릿속에 그림을 그리고 완성시키기 위해 나섰다. 물론 처음 도전하는 분야여서 얽매이지 않고 나만의 스타일로 일할 수 있었던 건지도 모른다. 그렇게 해서 나온 작품들이 앞서 언급한 마당놀이를 새롭게 재해석한 것들이다.

MBC 사업부 근무는 나의 현재 커리어까지 매우 특별한 의미를 지닌다. 사업부의 묘미는 출연배우, 제작진, 협찬기업 등 여러 계층의 다양한 직군에 종사하는 사람들과 협업하는 데에 있었다. 그들이 지금까지도 시너지 효과를 내는 든든한 네트워킹이 되고 있다.

네트워킹은 다른 말로 하면 '인복'이다. 당장 도움이 필요하면 도와달라고 말하고, 나중에 상대방이 도움이 필요할 때 더 큰 도움으로 갚기도 했다. 지나고 보니 MBC 회사생활의 많은 부분을 인복이 있어서 헤쳐 나갈 수 있었다. 지금은 '현명한 이기주의자'가 미덕인 냥 서로 자로 잰 듯이 주고받지만 우리 세대만 해도 그렇지 않았다. 이것도 현재 시니어들의 정서를 좌우하는 부분이다. 같이 부대끼며 문제를 해결하고 성취하는 방식으로 살아왔다. 혼자 밥 먹는 것보다는 같이 밥 먹는 것이 더 익숙하고, 합승하는 택시도 너무나 자연스러웠다. 집단 속의 조화와 개인의 창의성이 더해져 개인과 전체가 이합집산하면서 한 시대를 관통해 온 것이다.

_____ 2002년 월드컵으로 달라진 문화

2002년 월드컵은 48년만의 첫 승, 48년만의 16강 진출, 48년만의 4강 진출과 전체 순위 4위라는 기념비적인 순간을 우리에게 안겨줬다. 아시아 국가 최초 4강 진출이라는 수식어는 앞으로도 한동안 지워지지 않을 것이다. 월드컵을 치르면서 우리는 우리 자신의 전혀 다른 면을 발견해냈다.

4강 진출이라는 기염을 토해낸 우리나라 선수들에게 열광한 것은 물론, 이들을 응원하는 붉은악마 물결에 우리 스스로도 놀라워했다. 한국 경기가 있는 날이면 거리와 광장이 붉은 티셔츠를 입은 응원단 인파로 미어터지곤 했다. 주축은 젊은 세대들이었지만, 가족 단위로 월드컵을 즐겼던 기성세대들의 동참 또한 무시하지 못할 수준이었다. 5백만 명이 광장으로 쏟아져 나온 2002년은 한국이 수줍고 조용한 아침의 나라라는 이미지를 벗어던지고 열정과 도전, 패기의 상징으로 거듭난 한해였다.

이 거대한 집단적 승리의 체험으로 우리나라는 또 한 번 탈바꿈한 것 같다. 즐거워도 조용하게 즐거워하고, 잘되는 일이 있어도 이웃에게 잘난체하는 격이 될까 봐 크게 티를 안 내는 겸양을 미덕으로 알고 살아왔던 민족이다. 그간 민주화가 이뤄졌다고는 하나 군과 정치에 대한 불신과 공포도 여전히 있었다. 과거 일제 치하에서의 만세운동, 6.25전쟁과 3선 개헌 저지와 군부독재 반대에 맞서면서 광장이나 거리는 늘 싸우기 위해 나오는 공간이었다. 좋은 일로, 모두가 다 같이 응원하는 일로, 어느 누군가의 주도가 아닌 자의로 광

시니어 파워 시대

장에 선 경우는 2002년 월드컵이 처음이었다. 투쟁의 공간
이 승리와 축제의 공간으로 바뀐 경험을 함으로써 사실상 선
진국 문화에 발을 내딛게 되었다.

한류 드라마로 조금씩 한국을 알아가던 외국인들에게
2002월드컵은 한국의 역동적인 에너지를 보여주면서 한류
붐을 확산시키는 도화선이 되었다. 그 뜨거웠던 열기를 이끌
었던 20대, 30대들은 지금 40대, 50대가 되어 경제와 산업
의 주축으로 활동하고 있다. 당연히 시니어 계층인 60대, 70
대들과 사고방식이 다르고, 행동하는 기준이 다를 수밖에 없
다. 지금의 70대, 80대는 한국전쟁과 이념논쟁을 떼놓고 말
할 수 없고, 50대, 60대는 민주화와 뗄 수 없는 관계이다. 또
한 30대, 40대는 월드컵처럼 공정한 기회에서 승리를 이끌
어낼 수 있다고, 꿈은 그렇게 이뤄진다고 믿고 있다. 모두 각
자의 가장 치열한 경험이 세대의 특징으로 발현되는 것이다.

_____ 대인터넷 시대의 도래

2008년 글로벌 금융 위기가 오기 전까지, 시대를 읽을 줄 아
는 사람이라면 잡았을 두 번의 커다란 기회가 있었다.

첫 번째는 닷컴버블로 회자되는 인터넷 상용화 시점이다. 1990년대에는 미국에 있는 친구와 연락을 주고받으려면 팩스나 전화, 편지밖에 없었는데 1990년대 후반부터 메일로 연락을 주고받을 수 있었다. 전화 회선에 모뎀 장치를 연결해 인터넷에 접속한 다음 몇 줄 작성해서 보내기를 누르면 되었다. 친구와 나는 '어머나, 놀라워라!'를 연발 외치며 기술에 감탄했다.

지금 인터넷은 한 달 요금만 내면 무제한이지만 당시는 전화를 빌려 쓰는 형식이라서 접속해 있는 시간만큼 전화비처럼 요금이 계산되었다. 인터넷 커뮤니티의 조상격인 천리안이나 하이텔 온라인 동호회에서 활동하던 사람들은 한 달 요금이 몇십만 원 나와서 화들짝 놀라기도 했다. 인터넷이 생활 속에 파고들기 시작했다. 이때가 1997년이다.

MBC를 비롯한 지상파 방송들도 이때 인터넷의 바다에 뛰어들었어야 했는데 언제까지나 호황을 누릴 것처럼 자기 기분에 취해 있었다. 케이블, 종합편성채널, 더 나아가 유튜브 같은 인터넷 개인방송 등과 경쟁할 것이라고는 상상하지도 않았다.

책상도 없이 독기 품고 일하던 때가 엊그제 같은데 2003년도에 나는 사업부 입성 7년 만에 사업부 전체를 책임지는 위치에 오르게 되었다. 아침에 출근하면 사업부 앞 복도에 사업부장을 만나려는 사람들이 줄을 죽 서 있었다. 대부분 사업 제안이라는 명목으로 MBC와 공동주최를 원했다. 그 가운데에는 지금은 대형 포털이 된 네이버도 있었다.

네이버는 삼성SDS의 사내 벤처기업이 그 모태이다. 대한민국 최우수 인재들만 모아놨다던 삼성SDS도 시대를 제대로 읽지 못했다. 산업의 주류가 인터넷 기반으로 재편될 것을 예측했다면 네이버를 분사시키지 않았을 텐데, 인터넷 기반 사업을 그저 괜찮은 아이템 정도로만 여긴 것이다.

네이버에서는 MBC가 진행하는 마당놀이나 어린이뮤지컬 같은 공연에 티켓 이벤트를 제안했다. 비용은 티켓 30장 정도였다. 돈으로 환산하면 큰돈은 아니었다. 하지만 타 기업과 함께할 필요성을 못 느꼈다. MBC 프로그램이 끝날 때마다 하단에 자막에 공연 정보를 흘려보내는 것만으로도 충분했고, 틈틈이 내보내는 공연 홍보만으로도 좌석은 꽉 찼다.

어리석게도 네이버의 제안을 거절한 나는 지금도 후회한다. 그때 손잡고 무언가를 시작했더라면 MBC는 인터넷 포털 사이트의 최강자이자 구글 같은 세계적 기업이 되었을지도 모른다. 삼성SDS도 마찬가지이다. 그때 네이버를 내보내지 않았다면 엄청난 시너지를 받아 더 크고 강한 글로벌 기업으로 발전했을지도 모른다. 전통적인 시각과 방식에 갇혀 시대가 뒤집어지는 데에 둔감했던 것 같다.

개인 최성금의 입장도 마찬가지이다. 인터넷 기반으로 옮겨 가는 시대의 흐름에 올라탔다면 현재 스타트업 발굴 투자회사나 시니어 전문 인재교육기관을 운영하고 있을지도 모를 일이다.

두 번째는 현재 우리가 사용하는 주요 플랫폼의 원형이 출현했을 때 빨리 자기 것으로 만든 사람에게 기회가 있었다. 2000년대 초반에는 닷컴버블이라고 불릴 정도로 여러 소셜미디어들이 난립했다. 하지만 웹 2.0으로 변신한 업체들은 아직까지 살아남았다. 웹 2.0(Web 2.0)이란 쉽게 말해 쌍방향으로 소통하는 웹 기술을 말한다. 웹 1.0시대의 인터넷은 들여다 볼 수 있는 하나의 구경거리에 불과했다면, 웹 2.0은 사용자가 인터넷에 참여해 직접 사용할 수 있는 환경을 구현했다는 점에서 한 번 더 진보한 기술이었다. 예를 들면 2004년에 창업한 페이스북, 2006년에 설립된 트위터, 2005년에 등장한 유튜브가 있다. 처음 나왔을 때에는 '저게 뭐야?' 싶었지만 현재 이 기업들이 생활 속에서 차지하는 비중은 실로 막대하다.

흔히 제품이나 콘텐츠를 만들면 홍보가 관건이라고 말한다. 마케팅에서도 홍보는 절대적이다. 기업체들은 언제부턴가 인터넷 마케팅 부서를 따로 운영하고 있다. 이런 세상이 될 줄 예측했더라면 홍보를 위해서라도 페이스북이나 트위터 유튜브 등의 자기 홍보 수단을 꾸준히 발전시켰을 것이다. 당시 미래학자들은 웹 2.0 기반으로 환경이 재편된다고 예측했지만, 무슨 뜻인지 알아듣고 실행하는 이들은 많지 않았다.

유튜브가 폭발적으로 성장하게 된 것은 2007년 유튜브 콘텐츠에 광고를 붙일 수 있게 되고 이를 통해 수익을 얻으면서부터이다. 그전까지 유튜브는 그저 아이들이 노는 동영상 플랫폼 취급을 받았다. 그런데 지금은 어떠한가. 고프로 같은 동영상 촬영편집용 카메라를 들고 다니는 시니어들을 만나는 건 어렵지 않다.

기술의 발전이 참여 문턱을 낮춰 준 덕분이다. 개인 미디어를 통해 글이나 동영상을 올리는 일은 매우 자연스러워졌다. 2000년대 중반까지만 해도 미디어는 전문 언론사의 몫이었다. 하지만 이제는 개인도 마음만 먹으면 미디어가 될 수 있다. TV가 절대적인 볼거리이자 미디어이고 세상과의 소통 도구였던 시대가 이렇게 저물어 갔다.

자기 성공에 도취되어 인터넷 중심으로 세상이 바뀌고 있는 것을 눈치 채지 못한 기성 레거시 미디어들이 위기에 봉착한 것은 필연적 도태이다. 현재 MBC 사업부는 사라지고 없다. 시대를 읽는 눈을 바로 떴더라면 유튜브가 되었든 교육 콘텐츠가 되었든 MBC는 원톱 미디어 그룹이 되었을 것이다.

글로벌 금융 위기와
〈키자니아〉

4

____ 2008년 글로벌 금융 위기 발생

2008년 글로벌 금융 위기는 미국에서 시작되어 전 세계에 영향을 미친 대규모 금융 대침체 현상을 지칭한다. 서브프라임모기지론(Subprime Mortgage Loan) 사태라고 부르는 사람도 있고, 리먼브라더스(Lehman Brothers Inc.,) 사태라고 부르는 사람도 있다. 갚을 능력이 안 되는 사람들에게 싼 이자로 돈을 빌려줘 집을 사게 하고(서브프라임모기지론), 대출 은행들은 이를 기초자산으로 증권을 발행해서, 리먼브라더스 같은 투자 은행에게 판매했다. 이것이 연쇄적으로 문제를 일으켜 전 세계경제를 한때 마비시킨 사건이다.

싼 이자로 돈을 빌려 집을 산 사람들은 미국 금융당국이 금리를 올리자 대출이자와 원금을 갚지 못하는 경우가 속출하고 부동산 가치는 하락하기에 이른다. 부동산 버블이 붕괴되자 이에 연쇄적으로 대출은행, 투자은행 등이 줄줄이 파산하기 시작했다. 리먼브라더스, 메릴린치 등 투자 은행들의 파산은 전 세계에 영향을 끼쳤고, 글로벌 금융 위기가 발생한 것이다.

당시 우리나라 금융기관들도 리먼브러더스와 메릴린치에 연관되어 투자금 손실을 입은 바 있고, 달러 약세로 인해 코스피 지수가 1900에서 890까지 내려가는 등 또 다시 IMF가 올 법한 분위기가 되었다. 외국인들이 한국에 투자했던 자금을 회수하자 외환 보유고가 불안정해지고, 이에 영향을 받은 은행들은 대출에 빗장을 채우기 시작했다.

대출이 안 된다는 것은 실물경제를 돌릴 수 있는 윤활유가 급격하게 줄어든다는 뜻이기도 하다. 서민들은 대출을 받아서 집이나 차를 구입하고, 기업은 대출을 받아서 투자를 늘려 가는데, 이 모든 것들이 여의치 않게 된 것이다.

금융시장 불안의 영향으로 소비, 투자 등 내수는 물론 수출 또한 크게 감소하면서 IMF 이래 최대의 위기를 맞이하였다.

서울 지하철 2호선 잠실역 4번 출구로 나오면 〈키자니아〉라는 간판이 보인다. 아이를 키운 지 한참 지난 중장년들에게는 낯설지도 모르지만 2000년대 후반에 아이를 낳아 키운 사람들에게 〈키자니아〉는 무척 친숙한 공간이다. 〈키자니아〉는 우리나라 '어린이 직업체험 테마파크' 1호 시설이다.

〈키자니아〉는 현재 한국 경제에 기여하는 기업이나 공공기관이 파트너사로 참여해 어린이들이 실제와 똑같은 환경에서 직업 활동을 통해 경제 원리를 터득하는 교육 테마파크이다. 실내는 어린이 나라를 표방하는 '키자니아' 거리로 꾸며져 있다. 출입국 관리사무소 역할을 하는 대한항공을 통해 들어가고, 오뚜기 라면공장에서 라면을 만들어 보고, MBC 라디오 스튜디오에서 성우가 되는 보는 식이다. 모든 시설은 실제와 똑같이 파트너사에서 스폰서십을 제공했으며, 크기만 어린이 체형에 맞게 2/3 크기로 지어졌다. 서울과 부산 두 곳에 운영되고 있는데 지금까지 누적 방문객 9백만 명을 상회하고 있다.

이러한 기념비적인 교육문화 사업을 엄중한 글로벌 금융위기 때 들여왔으니 그 용기를 스스로 칭찬하지 않을 수 없다. 그 정도로 〈키자니아〉가 어린이 직업교육에 미친 영향이 크다는 뜻이다. MBC로서도 〈키자니아〉를 들여오는 일은 모험에 가까웠다. 〈키자니아〉를 운영하기 이전까지는 MBC는 방송 이외 사업에 한 번도 진출해 본 적이 없고, 지금도 MBC 자회사 가운데 방송과 무관한 것은 〈키자니아〉가 유일하다.

내가 〈키자니아〉를 알게 된 것은 2006년 일본에서였다. 선진기업의 핵심인재 육성전략을 연구하기 위해 일본으로 연수를 떠났고, 연수 당시 극단 사계, 후지TV, 도요타자동차 등의 우수한 인력개발 프로그램을 직접 살펴볼 수 있었다. 쉬는 날 숙소에서 뉴스를 보는데 아이들이 비행기를 조종하고, 소방차를 타고 불을 끄는 장면이 잡혔다. 아이들 복장이 특히 시선을 끌었다. 할로윈도 아니고 전통 의상도 아니고 파티 차림새도 아닌, 소방관, 의사, 비행기 조종사 옷을 입고 열심히 활동하고 있었다. '뭐지?' 하는 호기심이 생겼다. 한국에서는 전혀 본 적 없는 장면이었다.

다음날 곧장 뉴스에 나온 곳을 방문했다. 입구에 〈키자니아 도쿄〉라고 쓰여 있고, 그 옆에는 실물 비행기가 자리를 잡고 있었다. 안으로 들어가 보니 소방서, 은행, 베이커리 등등 실제 사이즈를 축소해 작게 만들었을 뿐, 'Real Job, Real Fun!'을 모토로 진짜 기업들이 입점해 있었다.

예전에 사업부 시절 담당했던 〈MBC방송어드벤처〉가 떠올랐다. 〈MBC방송어드벤처〉는 MBC창사40주년기념 사업으로 2001년도에 삼성동 코엑스에서 한시적으로 운영했던 방송체험 이벤트였다. MBC가 40주년을 맞아 방송의 과거와 현재 미래를 보여주는 오픈 세트장을 코엑스에 만들어 흑백 TV 시절부터 미래 인터넷방송까지 보여주는 대대적인 행사였다. 방송의 과거 현재 미래만 보여주는 게 아니라 오픈 세트장에서 〈허준〉 드라마의 주인공 체험을 해보고, 〈MBC 뉴스데스크〉 부스에서는 앵커가 되어 볼 수 있도록 테마파크처럼 꾸몄다.

〈키자니아〉는 완전 생소한 게 아니라 예전에 했던 〈MBC방송어드벤처〉의 고도화 모델이라는 생각이 들었다. 순간 짜릿해지면서 과거와 미래가 내 앞에서 접속하는 기분이었다. 무엇보다 아이들에게 미래에 자신이 가질 직업을 미리 체험할 기회를 제공한다는 교육적 가치가 마음을 사로잡았다. 현장에서 바로 관계자에게 면담을 요청해서 궁금한 사항을 다 체크했다. 들을수록 성공할 만한 사업이라는 판단이 생겼다.

〈키자니아〉는 멕시코에서 시작된 어린이직업체험 프랜차이즈 기업으로, 테마파크를 갖고 있던 L그룹이나 C그룹이 관심을 갖고 접촉했다고 전해진다. 하지만 멕시코 본사에서는 한국에서 그 누구에게도 〈키자니아 코리아〉 운영권을 내주지 않고 있었다. MBC는 대한민국 최고 공영방송사로서 어

시니어 파워 시대

린이 미래 교육에 사회적 책무를 이행하고 있다는 점을 내세워 프레젠테이션한 결과, 〈키자니아 코리아〉 사업권을 따낼 수 있었다.

_____ 공익적 목적이 뚜렷한 교육사업

이 중차대한 사업을 하기 위해 MBC는 'MBC플레이비'라는 자회사 법인을 설립하기에 이른다. 법인 설립 등기를 이틀 앞두고 2008년 9월 15일 미국발 세계 금융 위기 사태가 터졌다.

MBC 본사 사장을 비롯한 이사, 경영진이 신규 사업 런칭에 대한 우려를 표했다. 당연히 오픈을 연기해야 한다는 목소리가 안팎으로 빗발쳤다. 하지만 나는 '모든 사업은 타이밍이 중요한데 이번에 실기해서는 언제 또 조건을 갖춰 다시 시작할 수 있겠느냐'면서 오픈을 강행하자는 의견을 피력했다. 개인적으로도 그동안 쌓아온 만반의 준비가 도로무공이 되는 상황이 견딜 수 없이 안타까웠다. 무엇보다도 돌아갈 곳도 없었다. 정년이 10년이나 넘게 남아있는 MBC 인력자원부국장이라는 타이틀을 내려놓고, 공모에 도전해서 사장으로 취임한 이후였다. 만약에 오픈하지 못한다면 무얼 할 수 있다는 말인가.

자회사 사장을 선임하는 데 있어 공모는 그때만 해도 무척이나 낯선 시도였다. 인사권자인 본사 사장이 그냥 선임하면 그뿐이었지만 미루어 짐작건대, 인사권자로서는 방송 외의 사업이고 그 분야의 전문성을 공개적으로 확인하는 공정한 절차가 필요하다고 판단했을 것이다. 공모 과정 또한 전에 없이 치열했다. 사내에서 승승장구하고 있는 남자 선배들을 위시해 소위 전문가를 자처하는 해외 테마파크 출신 간부들이 대거 응모해 판이 엄청 커졌다. 사장 공모에 도전한 사람이 무려 스무 명 안팎이었다. 쟁쟁한 이들을 뚫고 내가 사장으로 선임된 직후에 바로 그 글로벌 금융 위기가 닥친 것이다.

'이번에 오픈을 연기했다가 영영 오픈하지 못하는 상황이 도래한다면? 그 사이 다른 인사 발령이라도 있어 그동안 서 있던 지형이 송두리째 변한다면? 내가 선발해 불철주야 오픈 준비에 손발을 맞춰왔던 직원들의 운명은?'

글로벌 외환위기가 아니라 그 할아버지가 와도 헤쳐 나가야만 하는 절체절명의 위기의식이 나를 단단히 붙잡았다. MBC 또한 성공해야만 하는 기로에 서 있었다. 당시 본사 광고 매출 역시 급전직하, 평소의 절반 이하로 뚝뚝 떨어지고 있었다. 오히려 위기가 기회라고 "제가 오픈해서 꼭 흑자 만들겠습니다."라고 큰소리치며 MBC 본사 경영진을 설득했다. 워낙 자신 있게 밀어붙인 덕인지 MBC도 꼭 성공해야 한다는 의지를 가지기 시작했다.

이토록 어려운 시기에 '직업체험테마파크'라는 낯선 사업모델을 발굴하고, 성공시키기까지 〈키자니아〉는 나의 브랜드나 다름없었다. 〈키자니아〉를 성공시키면 나도 성공하고, 실패하면 나도 MBC라는 조직에서 버티기 힘들었을 것이다.

MBC는 문화 콘텐츠의 최강자였던 시절에도 결코 여성에게 호의적인 조직이 아니었다. 사업부만 여성을 기피한 것은 아니었다. 당시 임원급 간부에서 여성은 단 한 명도 없었다. 한국은 OECD 내 성별 임금 격차가 가장 큰 국가로 매년 꼽힐 만큼 문제가 심각하다. IMF 때는 남성은 가장이라는 이유로 여성이 우선 해고되거나 권고사직을 당했다. 각종 성차별과 임금차별이 직종을 가리지 않고 벌어졌다. 그 금기에 도전하면서 얻은 별명은 쌈닭이었고, 성공하면서 얻은 애칭은 최장금이었다. 장금이처럼 무엇이든 손에 있는 것을 상대방에게 최고로 만들어 보이려 노력했다. 도전하면서 쌓아 올리고, 무너지면 다시 도전하면서 방송사 최초 자회사 여성 CEO까지 오른 것이다.

그 과정은 나를 브랜딩하고 마케팅하는 과정과 다르지 않았다. 브랜드를 얻는 것은 어렵지 않다. 일종의 로고 혹은 별명이라고 생각하면 쉽다. 이름 대신 불렀을 때 떠올리는 하나의 이미지가 브랜드이다. 쌈닭도 좋고 장금이도 좋다. 쌈닭이나 장금이가 갖고 있는 이미지, 그것을 사람들은 나에게 기대하고 다음 액션을 기다려 준다.

지금 시니어들이 체계적인 마케팅 수업을 받고 업무에 도전한 것이 아니듯 나 또한 마찬가지였다. 쉽게 생각하면 쉽다. 단순하게 말하면 계속해서 나를 찾게 만드는 것이다. 필요한 인재라는 사실을 주지시키고, 떠올리게 하며, 다가오게 만드는 것이다. 우리에게 마케팅은 복잡하고 어려운 것이 아닌 꼭 이루어야 하는 미션이었다.

_____ 최초 혹은 새로움

국내 최초 에듀테인먼트 테마파크 〈키자니아〉는 이전에 어린이 교육 콘텐츠를 성공시켜 보았기 때문에 나의 레이더에 걸린 것이다. 큰 반응을 얻었던 〈MBC뽀뽀뽀가을운동회〉나 어린이대상 방송체험 테마파크인 〈MBC방송어드벤처〉를 이미 성공시킨 경험이 있었다. 의식하지 않았을 뿐 어린이 교육 콘텐츠에 대한 자신감이 내 머릿속 어딘가에 방을 만들어 두었던 것이다. 게다가 MBC 내에서 인사조직과 인력개발을 담당하면서 교육이 가진 힘을 그 누구보다 잘 알고 있었다.

에듀테인먼트라는 단어는 국내에서 〈키자니아〉의 등장으로 쓰이기 시작해, 지금은 널리 두루 쓰이는 개념이다. 실험정신의 결정체인 〈키자니아〉로 인해 에듀테인먼트 개념이 국내에 뿌리내렸다[1]는 게 학계의 정설이다. 대전엑스포에서 '도우미'라는 단어를 처음 유포했듯이 〈키자니아〉를 통해 '에듀테인먼트'라는 개념을 처음 만들어 냈다.

마케팅은 고객이 스스로 찾아오게 만드는 것이고 함께 어울리고 싶은 욕구가 들도록 해야 한다. 상품의 성격을 규정하는 새로운 용어는 고객이나 소비자로 하여금 함께 문화를 향유한다는 동질 의식을 갖게 한다. 그 무리에 속해 같은 제품을 사용하는 특별함을 느끼는 것이다.

언어는 힘이 세다. 한 번 생성되면 어디든 짧은 시간 안에 번져 나갈 수 있다. 새로운 단어는 그 어떤 것보다 빠르게 유행을 확산시키는 원동력이다. 요즘 젊은 세대가 자기들끼리만 통하는 은어처럼 줄임말을 즐겨 쓰는 것도 이런 맥락이 있다.

〈키자니아〉를 발견하고 사업권을 획득하기까지 '교육이란 스스로 배우고 익히는 것'이란 확고한 신념이 있었다. 사업으로만 보는 것이 아니라 공영 방송으로서의 역할에 의미 부여를 했고, 나 자신에게는 그것이 동기부여가 된 셈이다. 꼭이 '멋진 어린이들의 나라'에서 한국의 어린이들이 자기 꿈을 현실로 만들어 보는 순간을 선사하겠다는 열망이 있었다.

내가 MBC의 일원이었음을 축복으로 여기는 것은 회사가 가진 무형 자산 때문이다. 1961년에 개국한 MBC가 그동안 축적한 정보는 그 자체로 '대한민국의 대서사시'이다. 당대의 문화현상과 사회적 이슈, 정치적 흐름까지 날짜별 유형별로 다 축적되어 있다. 그 정보 속에 담긴 인물 데이터베이스 또한 방대하다.

무엇보다 MBC라는 브랜드는 어디서든 어깨가 으쓱해지는 든든함을 주었다. 그 가운데 공영방송으로서의 사회적 책임을 다한다는 의지가 있었기 때문에 생소하기 그지없는 〈키자니아〉를 믿고 오픈할 수 있었다.

우리 사회에서 정치 경제 사회 문화 교육을 다 아우르는 업종은 미디어밖에 없다. 미디어의 꽃이라고 하는 방송사에 얼마나 많은 일들이 벌어지겠는가. 그 안에서 참과 거짓도 가려야 하고, 알맹이와 쭉정이도 가려야 하는 조직이 행정 혹은 인사 조직이다. 인력개발 업무를 담당했기에 사라지지 않고 일할 수 있었고, 그런 기회를 계속 만들 수 있었다. 〈키자니아〉라는 자랑스러운 교육 콘텐츠 또한 이런 시간의 축적 가운데 들여올 수 있었다.

시니어 파워 시대

5
편의점과 유통물류 시대

_____ 유연한 퇴직과 새로운 일자리

2011년 9월 24일, 도전과 열정의 표상 같았던 〈키자니아〉를 떠나게 되었다. 2008년 열 명의 겁 없는 무리들과 시작해서 개장 첫해부터 흑자를 낸 것을 시작으로 한 번도 매출이 하락한 적 없는 알짜 회사로 키워냈다. 하지만 좋은 일과 나쁜 일은 짝꿍처럼 붙어 다닌다고, 유례없는 성취에도 불구하고 나는 MBC를 떠날 운명에 처했다.

MBC의 자회사 사장 임기는 통상 3년이다. 나는 〈키자니아〉 설립과 성공적인 운영을 인정받아 연임을 기대했으나, 3

년 위기를 마치고 떠나게 되었다. 2년을 꼬박 걸려 오픈 준비를 했고, 실제 경영한 것은 1년이어서 좀 더 경영해서 이바지하고 싶은 마음이 가득했다. 온몸으로 키워낸 〈키자니아〉를 떠날 수밖에 없었던 당시 MBC의 혼란함을 이 지면에 다 쓸 필요는 없을 것 같다.

억울하고 분한 것도 잠시, 한 중견기업의 사장으로 자리를 옮기게 되었다. 모임에서 만난 유통물류 회사 회장님의 제안을 받고 난생 처음 '유통물류'에 발을 디디게 된 것이다.

최근 젊은 세대에서는 '조용한 퇴사'가 대세라고 한다. 동료나 회사가 알아차리지 못하게 조용히 퇴사를 준비하고, 이직할 곳까지 마련되었을 때 회사에 통보한다고 한다. 혹은 적극적으로 회사 업무에 개입하지 않는, 몸만 출근하는 경우도 퇴사와 거의 유사하게 보아 '조용한 퇴사'라는 말을 쓴다고 한다.

평생직장 개념으로 직장에 모든 것을 바쳐 일해 온 시니어 세대로서는 이해할 수 없는 행태이지만 이에 비유하자면 나의 퇴사는 '유연한 퇴사' 정도가 될 듯하다. 가늠할 수 없는 많은 열정과 시간, 혼을 불어넣었기에 〈키자니아〉가 나의 마지막 직장이 될 것으로 믿고 있었던 것 같다. 하지만 인간이 하는 일이기 때문에 확실한 보장이나 예측 따위는 없는 게 비애이다. 기업은 희생을 강요하긴 해도 희생에 따른 대가를 지불하는 경우는 극히 드물다. 원치 않는 희생을 강요당하면 심정적으로 그 무엇으로도 보상되지 않기 때문에 회사가 해주려는 것들은 죄다 성에 차지 않는다. 그러니 희생에 대한 합당한 대가 따위는 애초에 존재하지도 않는다는 것을 뒤늦게 깨달았다.

희생을 강요당하거나 나처럼 급작스럽게 퇴직하는 시니어들이 선택할 수 있는 길은 '유연성'이다. 급작스럽기는 해도 아직 나를 필요로 하는 곳이 있음에 감사하는 마음으로 새 직장을 구하는 것이다. 꼭 자신이 속했던 조직만큼 유명할 필요도 없고, 근무 여건이나 급여를 똑같이 고집해서도 안 된다. 나 역시 방송 산업에 평생 몸담았지만 생뚱맞게도 유통물류 회사로 이직하는, 낯선 경험을 하게 된 케이스이다.

잡코리아는 중장년이 취업할 때 다음과 같은 요소들을 고려해야 한다고 충고하고 있다.[2]

변화된 환경을 받아들이고 눈높이를 맞추기

시니어들이 한창 직장생활을 할 때만 해도 평생직장의 개념이 살아 있었지만, 이젠 평생직장은 거의 없다고 봐야 한다. 대기업 평균 근속연수는 11~13년 정도이다. 노동환경에도 유연근무제도가 도입되는 등 변화가 있다.[3] 자신이 다

닌 직장 기준으로 새 직장을 구한다면 재취업은 점점 어려워
진다. 계약직이나 수습직이라 하더라도 일단 발을 디디는 게
필요하다는 뜻이다. 다니면서 능력이 인정되면 더 다닐 수도
있고, 더 높은 자리로 승차할 수도 있다.

잡코리아에 따르면 '중소기업의 경우 대기업에서 경력을
쌓은 노련한 임원을 모시고 싶으나, 여러 가지 제약이 있어
서 선뜻 임원 영입이 어려운 경우가 많다. 이러한 경우, 단기
(3개월 혹은 6개월) 고문 형태를 제안하면서 연봉 수준도 턱없
이 낮은 경우가 있다. 하지만 일에 대한 열정이 많은 경우, 이
를 수락하여 헌신하면서 차세대 대표이사로 커리어를 이어
가는 성공사례가 빈번하다.'고 한다.

마케팅 능력과 리더십 보강하기

직장생활을 오래 하다 보면 한 분야만 경험하지는 않는다.
나를 기준으로 볼 때 나는 인력개발부에서 오래 일하고 난
뒤 사업부에서 하는 공연기획에서 두각을 나타냈고, 교육사
업을 새로 일으키며 자회사 사장까지 지냈다. 자신을 어필
할 때 무엇을 가장 맨 앞에 두어야 할까? 기업에서 나이 많
은 사람을 필요로 할 때에는 마케팅 능력을 필요로 한다는
뜻이다. 전문적인 일처리는 더 젊고 빠른 현역들이 하면 되
지만 시니어들의 네트워킹 기반을 활용한 마케팅 능력은 대

체재가 없다. 나도 결과적으로 보면 마케팅 능력을 인정받아 MBC 자회사 사장에 임명되고, 또한 흑자까지 낼 수 있었다. 유통물류 회사에서 사장을 제안받았을 때에도 마찬가지로 그 회사 회장님이 나의 마케팅 능력을 높이 평가하셨다.

마케팅 능력과 함께 많이 요구받는 능력은 리더십이다. 조직 소통 능력이나 조직 관리 능력은 어디서나 요구받는 덕목이다. 마케팅 능력과 리더십, 평소에 이 두 가지에 자신 있는 시니어라면 재취업에 성공할 수 있다고 믿는다.

목표를 잘 설정하기

나는 '평생 현역'의 욕구가 있고, 아직도 현역이라고 생각하기 때문에 유통물류 회사를 그만두면서도 은퇴했다고 생각하지 않고 취업하는 데에 목표를 두었다. 그러다 보니 나를 원하는 기업을 만날 수 있었고 재취업까지 이어졌다.

재취업하려면 구직활동은 당연한 일이다. 부끄러워하거나 귀찮아하지 않고 그동안 참석했던 모임이나 여러 네트워크를 통해 자기 자신을 알리고 현재 상황을 빨리 공유할수록 유리하다.

이력서 업데이트

한 직장에서 오래 근무하다가 퇴직하면 이력서를 쓸 때 고민이 많이 될 수밖에 없다. 그동안 이력서를 작성할 일도 없었고, 특히 자기소개서는 써본 지가 언제인지 까마득할 것이다. 그래서 퇴직 후 재취업할 의향이 있다면 이력서와 자기소개서를 꾸준히 쓰고 업데이트할 필요가 있다. 한 직장이라고 해도 맡은 업무와 거기에서 이룬 성과 등을 틈틈이 써서 업데이트해 두면 좋다. 잡코리아에서는 '하나의 마스터 이력서를 구비하였다가 지원하는 포지션에 맞게 맞춤형으로 수정하면 더욱 효과적'이라고 권하고 있다.

평판 관리

퇴직 후의 재취업이 아니더라도 평소 평판 관리는 커리어 운영에 도움이 된다. 직원을 뽑아 본 경험이 있다면 이 말을 이해할 것이다. 함께 일한 동료의 평가는 이직이나 재취업 때 가장 큰 변수이다. 경력직이나 은퇴 후 재취업은 대부분 지인 추천으로 이뤄진다. 취업은 급여나 근무환경 등 여러 요건이 맞아야 성공할 수 있지만, 기회를 만드는 게 우선이고 이런 기회를 부여받기 위해서는 평소 평판 관리에 신경써야 한다.

적극적 태도

연임하지 못하고 〈키자니아〉 사장 자리에서 물러났을 때,

엄청난 분노와 절망에 사로잡혀 있었다. 그런데 생각보다 빨리 털고 일어날 수 있었던 데에는 가족의 도움이 컸다. 내가 처한 상황을 가족들에게 울분을 토로하듯 다 뱉어내고 위로를 받고 나니 더 할 감정의 싸움이 없었다. 가족은 내 입장에 충분히 같이 아파해 주고, 격려를 아끼지 않았다.

그런데 남성들의 경우는 좀 다른 것 같다. 남성들은 갑작스럽게 퇴직 통보를 받으면 분노에서 창피함으로 감정이 수직 강하한다. 가족에게 자신이 회사에서 잘렸다고 말하기 싫은 것이다. 정년퇴임 같은 자연스러운 퇴직이어도 가족들에게 민망한 마음이 들 수밖에 없다. 회사를 그만두는 순간 '나는 아무것도 아닌' 사람이 되었다는 자괴감에 가족들에게조차 부끄러운 마음이 생기는 것이다. 체력 조건은 얼마나 좋아졌나. 인생은 60부터고 70은 황금기이며 오늘이 제일 젊은 날인데 남은 인생을 집에서 보내야 한다고 생각하면 자신이 쓸모없는 인간으로 느껴지기도 할 것이다.

가족의 지지를 받고 안 받고의 이 차이는 생각보다 이후 구직활동에 엄청난 차이를 가져온다. 가족들의 응원을 등에 업으면 일단 조급한 마음에 이상한 결정을 하지 않고, 생애의 남은 시간을 큰 틀에서 조망해 구직활동을 할 수 있다. 중소기업이든 대기업이든, 사무직이든 관리직이든 어쨌든 적극적으로 구직활동을 할 수 있는 마음의 자세 같은 게 갖춰

진다. 시니어라 함은 나이만 많은 게 아니라 그만큼 연륜 또한 쌓여 있어야 한다. 현재의 상황을 받아들이고 더 발전하려고 애쓰는 태도 또한 시니어의 연륜에 들어갈 덕목이다.

_____ 1인 가구 증가와 함께 늘어난 편의점

뒤늦게 합류한 유통물류는 정말 신세계였다. 그동안 쓸 줄만 알았지 사업화를 한다는 것은 생각해 본 적조차 없었는데 막상 눈을 뜨고 보니 유통산업은 정말 미래가 밝은 직종 가운데 하나였다.

그 첫 번째 이유는 우리나라 사람들 종족 특성이라고 할 수 있는 '빨리빨리' 문화에서 찾을 수 있다.

편리함에 대한 추구가 과학을 발전시키듯, 빨리 문제를 해결하고 싶어 하는 욕망이 다른 나라에서는 따라올 수 없는 '속도의 기술'을 발전시켰다. 새벽배송, 배달 앱, 택배 같은 배송 시스템은 타의 추종을 불허한다. 손가락만 까딱하면 원하는 물건이 현관문까지 배송되는 시스템은 앞으로 시니어 산업에서도 중요한 기초체력이 될 것이다.

두 번째 이유는 제조업의 한계이다.

한국만 물류 체계가 좋아지는 것이 아니라 전 지구적으로 물류 체계가 발전과 혁신을 거듭하고 있다. 클릭만 하면 현관문까지 배송해 주는 품목에는 더 질 좋고 싼 수입 제품까지 포함되어 있다. 실제로 유통물류 회사에 근무하는 동안 홈플러스를 비롯하여 이마트 같은 오프라인 유통업이 호황기였지만 지금은 다들 고전을 면치 못하고 있다. 기업 수익의 핵심은 제품이 아닌 유통물류 과정이라고 해도 틀린 말이 아니다. 국산이라는 이유 하나로 신뢰를 얻는 시대가 아니다. 수입 제품이라도 합당한 가격과 성능을 보장하면 소비자들이 찾는다.

세 번째는 고령화가 빠르게 진행되고 있다.

따라서 유통 인프라가 더 중요한 선택 요소로 떠오를 것이다. 서울에 사는 시니어들이 한 채 있는 집을 처분해서 자식에게 나눠주고 시골에 가서 편안한 전원생활을 하지 못하는 이유는 딱 하나이다. 시골에는 현재 내가 누리는 인프라가 없기 때문이다. 병원을 가려고 해도, 마트를 가려고 해도, 취미를 하나 배우려 해도 다 내 뜻대로 되지 않는 게 시골생활이다. 체력과 재력을 겸비한 영 시니어들일수록 전원생활보다는 편리한 도시생활을 선호한다. 욜드(YOLD)는 YOUNG

과 OLD의 합성어로, '젊게 사는 시니어'를 뜻한다. 1964년 이전에 태어난 세대 가운데 적극적으로 소비·문화생활을 즐기는 이들을 일컫는다. 욜드는 노인인구로 구분될지언정 소비능력과 활동성이 높아 시장의 흐름을 주도하고 있다. 미래에는 시니어들 대부분이 욜드일 것이다.

이와 같은 세 가지 이유로 앞으로 우리 일상생활에서 유통물류가 더 큰 비중을 차지할 것이 분명했다.

2023년 말 기준 잘 알려지지 않은 개인편의점까지 합하면 전국에 편의점은 총 5만5천 개, 전체 편의점 매출은 5조 원을 넘겼다. 외국인들이 서울에서 가장 경험하고 싶은 문화 가운데 하나가 '편의점에서 야식 먹기'일 정도로 우리 생활에서는 없어서는 안 될 존재가 되었다.

내가 근무한 회사는 우리나라 편의점을 대상으로 일배 식품(매일 배송해야 하는 신선식품) 3PL을 시작한 ㈜아신으로 유통물류 1세대에 속한다. 2010년대부터 1인 가구의 급증과 함께 편의점의 본격적인 성장세가 두드러지기 시작하면서 ㈜아신도 급성장해 왔다. 3PL은 3자 물류라고 해서 본사에서 각 점포로 제품을 보낼 때, 본사가 직접 배송하지 않고 배송만 전문으로 하는 회사에 위탁하는 것이다.

_____ 2010년대 유통의 변화

인터넷이 우리 생활에 일으킨 변화는 컴퓨터 화면 속에만 존재하지 않았다. 스마트폰이 생활 속에 밀착되면서 인터넷은 실생활에 큰 영향을 미치기 시작했다. 2010년대에 가장 큰 변화라면 인터넷 없이는 살 수 없는 시대가 되었다는 것이다.

2010년은 쿠팡, 위메프, 티몬으로 일컫는 소셜커머스 3사가 동시에 창업한 해이다. 이후 가격 비교도 쉽고, 바로 배송받는 온라인 쇼핑몰의 성장세는 슈퍼마켓 같은 오프라인 매장보다 훨씬 더 가파르게 진행되었다. 대형 마트는 1인 가구 증가와 맞물려 편의점에 고객을 빼앗기고, 백화점은 편리함을 내세운 온라인 쇼핑몰에 고객을 빼앗긴 결과 전통적인 유통 흐름에 큰 변화가 생긴 시기이다. 백화점과 대형 마트들도 뒤늦게 온라인 사업에 뛰어들기 시작했다.

그 가운데에서도 쿠팡의 성장세는 단연 독보적이었다. 2014년 3월 쿠팡이 '로켓배송' 서비스를 출시하면부터였다. 쿠팡이 물류센터를 지어 직접 배송까지 하면서 빠른 배송을 하겠다고 선언했을 때, 업계에서는 모두 비효율적이라고 했다. 하지만 10년 후 쿠팡은 한국 유통시장의 선두주자가 됐다. 우리나라 사람들의 급한 성격을 쿠팡이 먼저 읽은 셈이 아닐까.

온라인 쇼핑은 2020년 코로나를 맞아 완전 대세를 굳혔다. 다중이용시설 집합금지 등이 더욱 온라인 시장을 키웠고, 그 편리함에 빠진 소비자들은 오프라인 매장에 좀처럼 돌아오지 않게 된다. 제품의 품질이 승패를 좌우하는 게 아니라 유통물류의 품질이 판매의 승패를 가르는 상황이 되었다.

품질이 일정 수준 상향 보편화되었으므로 그다음은 서비스에 해당되는 유통물류 싸움이 시작된 것이다. 마켓컬리, 쿠팡, 네이버스마트스토어, 홈쇼핑의 공통점이 여기에 있다. 각자의 진성 소비자층을 갖고 있으면서 얼마나 빠르게 소비자의 안방까지 제품을 전달할 수 있는가가 관건이 된 것이다.

방송의 위력을 유통물류에서도 발견할 수 있다. 홈쇼핑은 온라인 쇼핑이 대세가 되면 망할 것이라고 한 것이 벌써 10년 전이다. 하지만 홈쇼핑은 여전히 건재하다. 수명이 길어짐에 따라 홈쇼핑의 주요 고객이었던 시니어층이 견고하게 버티고 있을 뿐만 아니라 새로 유입되는 시니어까지 그 층이 더 넓어졌다. 이는 시니어 산업을 이해하는 데에 매우 중요한 단서이다.

요양원에서 초점 없는 눈빛으로 힘없이 앉아 있는 자신의 미래를 그리는 사람은 아무도 없다. 그 정도는 아니지만 젊은이들처럼 능숙하게 디지털 라이프를 즐기기 버거운 것도 사실이다. 생활에서는 더 이상 발전하지 않았으면 싶을 정도로 기존의 익숙한 환경을 선호하는 시니어들이 많다. 홈쇼핑이 그런 매체 가운데 하나이다. 50대 이상 인구는 약 45%나 된다. 모든 국민이 다 최첨단 스마트 생활을 원할 것이라고 생각해서는 안 된다.

세대구분과 시니어 구분	
사일런트 세대(The Silent Generation): 1928~1945년생	실버
베이비 붐 세대(Baby Boomers): 1946~1964년생	액티브 시니어 아더 시니어
X세대(Generation X): 1965~1980년생	프리 시니어
밀레니얼 세대(Millennials): 1981~1996년생	청년기
Z 세대(Generation Z): 1997~2012년생	

6
시니어에게 방송매체가
줄 수 있는 것

_____ **2018년 〈키자니아〉로 복귀**

2018년, 유통물류 회사에 근무한지 7년째 되던 해였다. 그간 유통물류 회사는 편의점의 성장과 함께 매출이 늘어나서 외형적으로는 무척 안정된 모양을 갖추게 되었다. 처음 접한 유통물류 사업이었지만, 부단한 노력과 마케팅 능력을 발휘해 여러 대형마트나 편의점 업계의 물량을 부지런히 확보한 덕분에 나름 자리를 잘 잡고 있었다.

그런데 이토록 마음이 들뜨는 일이 생길 줄이야. MBC가 정상화에 오르자 〈키자니아〉 사장을 다시 맡아 달라는 요청을 해왔다. 내 커리어의 대부분을 차지한 모기업의 선택을 다시 받았다는 사실이 몹시 설레고 흥분되었다. 7년간 동고동락한 유통물류 회사 직원들과 아쉬운 이별을 하고 나는 다시 MBC에 복귀하였다.

2011년 〈키자니아〉 직원들과 이임식을 가진 자리에 7년이 지나 2018년에 다시 서게 되었다. 만감이 교차하고, 감개가 무량할 수밖에 없었다. 운영은 잘되고 있었는지, 파트너사와는 좋은 유대관계를 유지하고 있었는지 그런 것은 잘 모르지만 그 자리에 다시 나를 불러들인 것은 이유가 분명했다. 변화와 재도약이 간절히 필요했던 것이다. 2008년 출범 당시 미국발 금융 위기로 세계 경제가 휘청거릴 때 못지않게 〈키자니아〉는 엄혹한 상황을 맞고 있었다. 2018년 신생아 출생률은 0.98명으로 처음으로 아이를 1명도 안 낳는 시대가 도래했다. 어린이 직업체험 테마파크로서는 갈수록 떨어지는 입장객을 최대한 끌어 모으거나 입장고객이 최대한 자주 오도록 하는 획기적인 방법이 필요했다.

재취임식을 하는 자리에서 직원들에게 경영계획을 선포했다. 〈키자니아〉를 안정화시키는 일이 최우선이었다. 오픈 당시, 〈키자니아〉는 온리 원(Only One) 선두기업이었다. 넘버원 기업으로 안주하는 동안 키즈 관련 동종업계는 무서운 속도로 추격해 왔다. 취임과 동시에 바로 현장으로 들어가 파크

운영방식, 콘텐츠, 마케팅의 문제점을 파악해서 직원들과 함께 머리를 맞대고 개선점을 찾기 시작했다.

입장객이 줄어드는 데에는 출생률 감소에도 원인이 있지만, 직업체험이라는 콘텐츠를 더 다채롭게 만들 기업 파트너십도 관건이었다. 파트너사와의 돈독한 신뢰관계를 회복해서 더 많은 기업이 참여할 수 있도록 하는 데에 초집중했다. 재취임 당시 10주년을 맞아서 변화와 안정을 동시에 추구하는 막중한 임무가 내게 주어졌다. 다행히 전 직원들과 함께 노력한 덕분에 재취임 첫해에 전년 대비 매출이 50% 이상 성장하는 결과를 만들어 냈다.

기쁨도 잠시, 코로나의 직격탄을 맞은 〈키자니아〉는 고전을 면치 못했다. 다행스럽게 코로나 상황에서도 적자를 기록하지는 않았다. 하지만 국내 출생률이 점점 줄어드는 현실에서 적자만 면한다고 될 일은 아니었다.

〈키자니아〉의 미래를 준비하기 위해서 나는 두 가지를 염두에 두고 있었다. 하나는 서울과 부산에만 있는 〈키자니아〉를 해외에도 지점을 세우는 것, 또 하나는 〈키자니아〉의 노하우를 접목시켜 어른들에게도 필요한 체험 공간을 만드는 것이었다. 그 가운데에서 글로벌 진출을 먼저 이루게 되었다. 베트남 하노이 사업권을 따낸 것이다. 〈키자니아〉는 자국 외에는 사업권을 내주지 않는다. 한국은 한국, 일본은 일본 등 자국

시니어 파워 시대

내에서만 〈키자니아〉라는 브랜드를 운영하는 것이 원칙인데, 한국이 베트남 사업권을 딴 것은 매우 이례적인 일이다. 그만큼 멕시코 본사에서 그간의 경영능력과 성과를 인정해 준 것이다.

〈키자니아〉를 떠나기 전 베트남을 필두로 한 글로벌 진출이라는 성과를 남길 수 있었고, 어려운 가운데 2021년까지 4년을 〈키자니아〉 사장으로 근무한 다음 그야말로 명예롭게 퇴직할 수 있었다.

___ 변화하는 미디어 환경

2018년에는 너도나도 유튜브 채널 개설 붐이 일었다. 동영상 플랫폼 정도로 인식되었던 유튜브가 2018년에는 개인과 중장년까지 폭발적으로 그 수요가 늘어났다. 뷰티, 게임, 먹방, 브이로그, 교육, 강연 등 각종 분야의 콘텐츠가 인기를 끌었다. 다양한 관심사와 취향을 반영한 채널들이 생겨났고, 개인들은 이를 활용해 적극적으로 수익을 창출하기 시작했다. 속되게 말하면 돈이 되는 곳에 사람이 모인 것이다. 유튜브는 기존의 레거시 미디어가 갖지 못한 쌍방향 실시간 소통이 가능한 플랫폼으로 홍보, 정보, 언론 등의 다양한 기능이 있다.

〈키자니아〉에 다시 복귀했을 때 파트너십 재정비와 함께 유튜브 채널을 시작했다. 직업체험 테마파크이니만큼 만들 수 있는 콘텐츠는 무한대여서 적극적으로 유튜브 콘텐츠를 올리기 시작했다.

유튜브에 기름을 부은 것은 코로나였다. 사회적 거리두기 시행으로 많은 사람들이 시간을 혼자 보내게 되면서 평소보다 유튜브를 시청하는 시간이 늘어났고, 평소 스마트폰으로 영상을 안 보던 사람도 보기 시작했다. 한 발 더 나아가 시청자에서 그치지 않고 크리에이터로 직접 뛰어드는 사람도 많아졌다. 2022년 12월 전국민 83%가 유튜브 사용자로 집계되었다.[4]

유튜브에는 '없는 게 없다'는 말처럼 옆에서 친구가 알려주듯이 궁금한 것을 쏙쏙 뽑아서 올려준다. 게다가 글로벌하다. 가만히 앉아서 세계여행도 가고, 오지 탐험도 하고, 낯선 음악도 접할 수 있다. 유튜브는 정보, 재미, 수익, 홍보 등 다양한 요소를 대중과의 접점으로 만들어 냈다.

이런 현상은 네이버의 지식in이 처음 나왔을 때와 비슷하다. 단어 하나만 넣고 검색하면 그 단어의 의미부터 역사, 논란까지 이용자들끼리 답변을 달면서 초창기 네이버의 확장을 견인했다.

유튜브나 네이버 지식in과 유사한 형태가 없는 것도 아니다. 네이버는 유튜브를 추격해 네이버TV를 내놓았지만 연예인들의 홍보 콘텐츠가 대부분을 차지해 고전 중이다. 카카오는 네이버 지식in을 따라잡고자 다음지식인을 내놓았다가 실패했다.

대부분 실패의 원인을 수익 모델 때문이라고 분석하지만, 다음지식은 활동 여부에 따라 유튜브처럼 보상체계를 마련했었다. 그럼에도 지금은 서비스를 종료한 상태이다.

그 원인은 '접근성'에 있다. 유튜브와 네이버 지식in은 기존 문어체 화법이 아닌 일상생활에서 사용하는 구어체 화법을 구사한다. 구어체 화법은 고객 혹은 소비자들로 하여금 심리적 진입장벽을 최소화한다. 일상생활에서 사용하는 말투를 사용함으로써 친밀감을 형성하는 것이다. 그만큼 진입장벽이 없다는 의미이다.

지상파 TV에서 보던 유명 인사들도 유튜브에서는 시청자와 비슷한 수준의 화법을 구사한다. 교수나 정치인이 비속어를 쓰고, 반듯한 모습만 보였던 아나운서가 민낯을 하고 노래도 부른다. 기존 방송 미디어와 달리 쉽게 동질감을 느끼고, 감정을 이입하게 만든다.

이를 통해 유튜버와 당사자 사이에 유대감이 형성되면 그 콘텐츠가 유익한가, 무익한가, 참인가 거짓인가는 더 이상 선택의 조건이 아니다. 해당 채널에서 권하는 책, 식품, 학원,

패션 아이템 등등 무엇이 되었든 관심이 생기고, 때로는 구매도 한다. 유튜브에 광고하는 중소기업들이 얼마나 많은가. 지상파 방송의 위기는 거스를 수 없는 시대의 흐름이 아니라, 소통방식에서 경쟁력을 잃어버렸기 때문이다. 시청자 입장에서는 엄숙한 일방통행식 지상파 TV를 가만히 앉아서 바라볼 이유가 없어졌다.

한 가지 더 변화한 부분은 OTT의 등장이다. 현재 신중년이라고 일컫는 40~60대에서 가장 많이 가입한 OTT는 넷플릭스이다. 넷플릭스는 2016년 한국 법인을 설립하고 한국 콘텐츠에 본격적으로 투자하기 시작했다. 거대 자본이 유입되자, 지상파 방송국에 작품을 납품하던 유명 제작사들은 거의 넷플릭스의 투자를 받아 작품을 제작하고 넷플릭스에서 작품을 공개하기에 이른다.

OTT는 다국적 플랫폼이기 때문에 한 번 입소문이 나면 전세계 가입자들이 동시에 반응한다. 자본이나 시청자 보유 면에서 국내 지상파 방송국들은 대결하기 쉽지 않다.

이러한 미디어 환경의 변화는 사실 시니어들에게는 따라가기 어려운 생활의 변화들이다. 어쩌면 지금도 가장 편안하게 접하는 미디어는 국내 지상파 방송과 케이블 방송일지도 모른다. 계속 볼 게 없다고 말하면서도 집에 들어오면 자연스럽게 TV부터 켜는 게 일상화된 한국 사람들이다.

____ 〈시니어TV〉 사장으로 취임하다

2018년 MBC플레이비 〈키자니아〉 10주년 행사 때 50여 개 파트너사 앞에서 〈실버니아(시니어 전용 테마파크)〉를 준비해야 한다는 포부를 밝힌 바 있다. 〈키자니아〉처럼 어른들에게 리얼한 교육과 경험의 공간을 선사한다는 취지였다. 〈키자니아〉를 운영하면서 어른들을 위한 테마파크가 있다면 어떤 모습이어야 할지 내내 고민했다. 실제 〈키자니아〉 직원들과 〈실버니아〉 사업을 위해 여러 전문가의 도움을 받아 전체적인 사업 설계를 해놓은 상태였다.

〈실버니아〉 구상을 들은 한 방송 관계자와 인연이 닿아 현재 〈시니어TV〉 사장 취임으로까지 이어졌다. 어린이 직업체험 테마파크 사업자에서 훌쩍 뛰어넘어 시니어를 대상으로 하는 방송사에서 새롭게 출발하게 된 것이다.

행정안전부 조사에 따르면 2023년 말 기준 주민등록 인구통계상 총인구는 5,132만5,329명이다. 10대 미만 6.49%, 20대 12.07%, 30대 12.81%, 40대 15.44%, 50대 16.94%, 60대 14.87%, 70대 이상 12.31%이다. 중장년의 기준점인 40대부터 계산하면 무려 60%가 시니어 혹은 예비 시니어이다. 경희대 고령친화융합연구센터도 '2012년 27조 3천8백억 원이던 국내 실버 이코노미 시장(고령 세대 친화 의약품과 의료기기, 식품, 화장품, 요양, 여가, 주거 산업의 합)이 연평균 13% 성장해 2030년에는 168조 원의 거대 시장을 형성할 것'이라고 전망했다.[5]

통계청 조사에 따르면 2024년 7월 기준 65세 이상 노인은 1천만 명을 넘겼다. 국민 5명당 1명은 노인인 상황에서 연령으로 시니어를 구분하는 것은 점점 더 의미가 없어지고 있다. 시니어라는 애매모호한 명칭으로 65세 이상 인구를 묶어서 부르는 이유는 노인이라고 콕 집어서 칭할 경우 좋아하는 사람은 아무도 없어서이다.

그렇다고 해서 시니어에 포함된 사람들이 자신을 시니어라고 생각하느냐 하면 그것도 아니다. 영 포티나 영 피프티가 화두가 된 것은 자신을 시니어로 생각하지 않는 사람이 그만큼 많다는 방증이기도 하다. 구매력, 자산, 체력을 고루 갖춘 이들은 한국에서 가장 풍요로운 세대이면서 한국에서 가장 적극적인 세대임에 틀림없다.

최현자 서울대 소비자학과 교수는 "60년대생들은 교육 수준이 높고 급변하는 사회를 겪었으며 디지털 문화를 경험한 세대"라며 "과거 노인들은 '앞으로 살면 얼마나 살겠어'라는 생각으로 새로운 것을 배우는 것에 대한 저항이 있었다면 이제 '686(60대·1980년대 학번·60년대생)'이 된 이들은 새로운 플랫폼을 접하고 배우는 데 적극적"이라고 설명한다. 그러면서 "영 시니어가 된 이들의 구매력과 시장에서의 역할에 주목할 필요가 있다"며 "경제적 여유를 가진 만큼 이들을 대상으로 한 산업들이 앞으로 급성장할 것"이라고 내다봤다.[6]

나이나 활동력을 떠나 시니어들의 공통점은 주로 휴식을 취하며 시간을 보내는 장소가 거실 TV 앞이라는 것이다. 자고 일어나면 새로운 디지털 기술이 봇물 터지듯이 늘어나지만 여전히 스마트폰은 전화를 걸고 받고, 유튜브를 켜서 보는 정도이다. 전통의 강자라는 측면에서 〈시니어TV〉 사장이라는 직함은 내게 또 다른 도전 과제를 안겨주고 있다.

그동안 TV의 기능과 역할에 대해서 우리 사회는 부정적인 면을 많이 언급해 왔다. TV를 단순하게 보기만 하던 시대에는 TV를 바보상자라고까지 불렀지만 이젠 뛰어난 기술 발달로 인해 TV는 만능 AI로 진보하고 있다. 교육과 정보의 장이자 소통의 창구가 되며, 때론 홈피트니스나 노래방 역할을 하기도 한다.

이 시점에서 〈시니어TV〉 사장으로서 시니어들에게 제대로 된 정보를 전달하고, 〈시니어TV〉라는 플랫폼 안에 어떻게 하면 많은 사람들이 모여들게 할지가 나의 과제가 되었다. 나의 꿈은 온오프라인을 아우르는 어른들의 진정한 플랫폼을 구현하는 데에 있다. 그것이 〈실버니아〉가 될지 〈시니어TV〉가 될지, 이 두 모델을 합한 새로운 형태가 될지는 알 수 없지만, 시니어 당사자인 나부터가 필요한 플랫폼을 만드는 것이 꿈이 되었다.

시니어는
노인이 아니다

Part 02

The Age of Senior

유례없는 많은 인구가 시니어에 편입되고 있어서 시장 자체가
팽창하고 있는 것은 사실이다. 바야흐로 시니어 소사이어티가 도래한 것.
그동안 미디어가 보여준 시니어는 폐지를 줍거나, 젊음에 집착하는 사람들이었다.
대다수 시니어들은 어디에서 어떻게 살게 되는 것일까? 이 질문에 대한 답을 도출할 때
시니어 비즈니스의 올바른 방향을 설계할 수 있다.

1
지금부터의
시니어 비즈니스

_____ 투 트랙 접근 필요

한국에서 베이비붐 세대는 흔히 1차(1955~1963년생)와 2차
(1964~1974년생)로 구분해서 거론된다. 1차 베이비붐 세대는
60세 정년 기준으로 현재 정년퇴직한 세대이고, 2차 베이비
붐 세대는 지금부터 시작해 향후 10년여에 걸쳐 정년퇴직
이 예정되어 있다. 통계청 자료에 의하면 1차 베이비붐 세대
는 705만 명, 2차 베이비붐 세대는 954만 명, 합계 1천6백만
명이 넘는다. 20년 동안 한국 사회에서 가장 많이 태어난 사
람들이 순차적으로 노인인구로 편입되고 있다. 이에 산업 전

분야에 걸쳐 '시니어 비즈니스'가 가장 큰 시장으로 부각되고 있다.

베이비붐 세대를 1차와 2차로 나누는 이유가 있을 텐데, 왜 비즈니스에서는 이들을 구분하지 않고 '시니어 비즈니스'라고 뭉뚱그려 말하는 것일까. 마치 1981년생부터 2007년생까지, 40대부터 고등학생까지를 MZ세대라고 묶어서 부르는 것과 같은 모양새이다. MZ라는 용어는 기성세대와 상대적으로 젊은 세대를 구분하기 위해 등장했음이 분명하다. 마찬가지로 기성세대 가운데에서도 더 나이 들고 더 부담스러운 어른들을 한꺼번에 통틀어 '시니어세대'라고 규정하는 것은 아닐까?

686세대와 X세대를 한꺼번에 묶어서 '시니어세대'라고 규정하는 것은 타당할까? 이제는 정말 초고령화 사회로 진입한 만큼 시니어세대를 규정하거나 비즈니스를 논할 때 세심한 구분이 필요해졌다.

60년대에 출생해서 1980년대에 대학교를 다니고 현재 60대인 사람들을 일컬어 686세대라고 부른다. 686세대의 가장 큰 특징은 '민주화'를 빼면 대화가 안 된다는 점이다. 이들에게는 민주화가 가장 큰 사회 정치 경제 이슈이다. 대중 문화적으로는 고인이 된 김민기를 대표 아이콘으로 떠올릴 수 있다.

한편, X세대라고 일컫는 1970년대 초중반생들은 '자유화'가 가장 큰 특징이다. 교복자율화, 전교조의 출현, 대학사회의 팽창을 겪었고, 탈이데올로기의 시대를 열었다. 대중문화에서는 서태지를 대표 아이콘으로 떠올릴 수 있다.

이 두 집단을 아울러 '시니어세대'라고 한꺼번에 뭉뚱그려 놓는 것은 "김민기나 서태지나 다 같은 가수"라고 말하는 격이 된다. 틀린 말은 아니지만 그렇게 해서는 시니어 비즈니스에서 성공 기회를 잡기 어렵다. 이제 막 50대가 된 1970년대 초반 출생자들과 686세대는 매우 다른 교육제도와 문화적 배경을 가지고 있다. 이를 간과하면 어떤 투자를 받든, 어떤 시장을 뚫든 비즈니스는 금세 한계에 도달할 것이다. 인구의 중심축이 시니어 쪽으로 기울어 가면서 산업적으로 크게 발전시킬 수 있는데도 말이다.

이들은 사회문화적 배경도 다르지만, 경제 인식에서도 차이를 갖고 있다. 1차 베이비붐 세대는 전쟁 직후 세대로 물질에 대한 아쉬움을 느끼며 성장했다. 그에 비해 2차 베이비붐 세대는 상대적으로 덜 가난했다고 할 수 있겠다.

1차 베이비붐 세대가 지금의 초등학교에 해당하는 국민학교 재학 당시는 도시도 시골도 빈민으로 넘쳐났다. 자산으로 상중하를 나누면 하층이 가장 넓고 위로 갈수록 좁아지는 전형적인 피라미드 구조를 갖고 있었다. 전쟁 직후 삶의 터전을 잃은 사람들이 일자리를 찾아 대도시로 몰려들었고, 중산층 개념도 없었다. 대다수 국민들이 가난에 시달릴 때 1차 베이비붐 세대는 학교를 다니고, 친구를 사귀며 성장했다. 함께 가난을 경험했기에 경쟁적이라기보다는 협업에 더 가치를 두는 편이다. 흔히 말해서 조직을 위해 개인을 희생하는 게 통했고, 워커홀릭 문화를 만들어 낸 장본인들이다. 또한 교육 정도에 따라 화이트칼라와 블루칼라 노동자로 나눠지는 등 교육격차가 소득격차로 직결된 세대이기도 하다.

1970년대에 태어난 2차 베이비 붐 세대는 다소 다른 경향을 보인다. 1970년대는 '세계 속의 한국'이라는 말이 탄생할 정도로 빠른 경제성장이 이뤄진다. 2차 베이비붐 세대는 1차 베이비붐 세대와 달리 물질적 빈곤으로부터는 벗어난다. 1960년대부터 추진된 산아제한 캠페인에 힘입어 핵가족 시대를 맞이하고, 이들은 형제자매가 한둘밖에 없는 환경에서 상당한 교육 혜택을 받고 자란다. 경제성장에 따른 당연한 결과이겠지만, 1차 베이비붐 세대에 비해 2차 베이비붐 세대는 여러 분야에서 상대적 풍요를 누리면서 성장한다. 그렇기 때문에 자산 수준 차이나 경제적 지위에 따른 상대적 박탈감이 시작된 세대이다. 이들이 성장할 때에는 전화, 자동차, 아파트, 도시와 시골 등 생활환경의 크고 작은 차이가 발생한다.

지금부터의 시니어 비즈니스가 황금알을 낳는 산업이 되

냐 못 되냐는 이 두 집단의 차이와 공통점, 니즈를 발견하는
데에 달려 있다고 해도 과언이 아니다.

_____ 노후 대비 양극화 현상 뚜렷

베이비붐 세대의 은퇴가 줄을 이으면서 기존의 정책과 소비
재, 복지와 주거 등 모든 면에서 새로운 변화가 있어야 한다
는 목소리가 드높다. 이에 발맞추듯 기업들은 고급화를 앞세
운 시니어 주거 상품을 속속 선보이고 있다. 단지 내 카페테
리아에서 식사를 해결할 수 있는 것은 기본이고, 주차대행과
택배, 세탁까지 제공하는 호텔식 주거 서비스가 등장하고 있
다. 이를 다 이용하기 위해서는 현역으로 일할 때보다 더 많
은 생활비가 필요하다.

베이비붐 세대는 자신의 노후를 위해 무엇을 얼마나 준비
했을까. 현재 '뉴실버타운' 등의 시니어 비즈니스 관련 뉴스
를 보면 마치 황금알을 낳는 거위가 은퇴한 것처럼 추켜세
운다.

은퇴해도 월 300만 원 꽂히네…"한국서 가장 부유한 세대 온다"
2024년 5월 21일 중앙일보

　　　　　　　　　　　　　시니어 파워 시대

지갑 두껍고, 시간도 넉넉 860만 '영 시니어'가 온다
_2024년 5월 21일 MBC

'영 시니어' 문화 소비층 부상...양극화 문제는 여전
_2024년 6월 6일 YTN

초고령사회 진입, 경제력 가진 '영시니어'가 황금거위
2024년 7월 19일 한국섬유신문

베이비붐 세대는 사회에 진출해서 한창 일할 무렵 경제 호황기를 겪었고, 부동산이나 주식 투자 같은 재테크 성공 경험도 있다. 연금이나 저축, 부동산 등을 통해 일하지 않아도 버틸 수 있는 노후대책을 처음으로 세운 세대이다. 한 번도 풍족함을 누리지 못했던 이전 세대와는 다른 노후를 맞고 있는 것은 분명하다. 그나마 나은 편이고 앞으로 더 나아질 것이다.

미디어에서 말하는 것처럼 충분히 쓸 만큼 벌고 난 다음 은퇴했다면 다행이지만 실상은 아니다. 더군다나 자산이라고는 집 한 채가 전부라면 쓸 수 있는 현금은 제한적이다.

게다가 자영업이나 일용직 등 불안정한 소득구조를 가진 시니어도 무척 많다. 자영업자나 일용직 노동자, 프리랜서들은 자녀교육, 가족부양, 내집마련 등의 인생 과제를 수행하느라 자신들의 노후 대비는 거의 하지 못한 채 노년을 맞이하고 있다. 이전 세대에서는 가난을 숙명으로 알고 다같이

애썼기 때문에 노후 대비도 거의 비슷비슷했다. 이들과 다르게 베이비붐 세대에서는 노후 대비 양극화 현상이 두드러지기 시작했다.

따라서 시니어 비즈니스가 부유한 시니어들에 의해 왜곡된 흐름을 보일 수 있다. 외식과 여행, 패션, 취미생활에 망설임이 없이 소비하는 시니어가 존재한다고 해서 전체 시니어가 안락한 노후를 누리고 있다고 착각해서는 안 된다. 얼마 되지 않는 기초노령연금이나 의료복지에 기대어 생활하는 빈곤층도 존재하고, 소득 절벽에 부닥친 노후 생활에 불안을 느끼고 극도로 소비를 자제하는 시니어 가구도 있다. 얼마를 더 살아야 할지 모른다는 불안감에 쉽게 지갑을 열지 않는 경우도 많다.

특히 20대, 30대 자녀를 둔 가정에서는 자녀들의 결혼과 출산이 늦어짐에 따라 부양 기간 또한 길어지고 있어서 은퇴 후 생활에 대한 불안감이 커지고 있다. 예전에는 학비 등의 자녀 지원이 20대에 다 끝났다면, 취업 준비나 창업, 대학원 진학 등으로 부모의 지원이 30대에도 이어지는 경우가 대부분이다. 취업해도 독립하지 않고 함께 사는 경우도 많다. 이러한 가정의 소비 심리는 당연히 위축될 수밖에 없다.

양극화 현상은 개인의 입장에서 보면 현역 당시 소득 설계, 재테크 여부, 수도권과 지방 거주 등 다양한 원인으로 인해 나타난다. 국가적으로는 낮은 복지 수준과 늦게 시작된 사회보장제도에서 노후 대비 양극화 현상의 원인을 찾을 수 있다. 유례없는 단기간 급성장을 이룬 탓에 우리나라는 다른 여타 선진국에 비해 복지 체계가 뒤늦게 마련되었고, 그 수준 또한 낮은 편이다.

국민연금 등 4대 보장보험 또한 시행된 지 얼마 되지 않았다. 산재보험은 1964년 7월 1일에, 건강보험은 1977년 7월 1일에 일부 대기업과 공무원들을 대상으로 최초 도입되었다. 국민연금은 1988년 1월 1일부터, 고용보험은 1995년 7월 1일부터 실시되었고, 장기요양보험제도가 2008년 7월 1일부터 시행되었다. 2011년 1월에 이르러서야 건강보험, 국민연금, 고용보험, 산재보험 등 4대 사회보험 징수 통합이 이루어졌다. 전 국민이 4대 사회보장보험을 의무적으로 통합해서 납부하고 보장받은 지 불과 13년밖에 되지 않는다.

경제협력개발기구(OECD)의 발표에 따르면 한국은 2020년 기준 65세 이상 노인인구의 소득 빈곤율이 40.4%다. OECD 회원국 노인 빈곤율 평균(14.2%)의 3배 수준으로 압도적 1위다. 미국은 22.8%, 일본은 20.2%로 한국의 절반 수준이다.[7] 통계청 조사에 의하면 중산층(중위 소득의 50%~150% 미만인 가구) 비중은 1990년대 후반부터 감소하는 것으로 나타났고, 1997년 외환위기 이후 중산층이 붕괴되기 시작했다고 평가한다. IMF 이후 명예퇴직은 기업이 상시 사용하는 인건비 절감 수단이 되었다. 중산층이 무너지고 소득의 양극화가 나타나면서부터 노후 대비의 양극화도 동시에 진행된 것이라 할 수 있다.

더 위험한 것은 노인 빈곤율이 OECD 국가 중에서 압도적 1위를 하는 데에서 그치는 것이 아니라 출생률도 압도적으로 빠르게 떨어지고 있다는 사실이다. 베이비붐 세대에서는 한해 1백만 명 넘게 태어나던 아이들이 2023년 기준 23만 명이 태어나 합계 출생률이 0.72명에 그쳤다. 베이비붐 세대의 시니어 편입과 더불어 낮은 출생률은 미래 복지 실현에 부담을 더욱 가중시키고 있다.

2022년 1인 가구는 전체 가구의 34.5%인 750만2천 가구이고, 연령대별 비중은 29세 이하 19.2%, 30대 17.3%, 60대 16.7%, 70세 이상 18.6%이다. 60대 이상 시니어 인구가 전체 1인 가구의 35.3%를 차지한다. 이 수치만 보면 대한민국 60~70대는 OECD 국가 가운데 가장 가난한 독거노인이다.

그럼에도 불구하고 유례없이 많은 인구가 시니어에 편입되고 있어서 시장 자체가 팽창하고 있는 것은 사실이다. 그 가운데 돈을 쓸 수 있는 시니어, 쓰고 있는 시니어는 얼마인지 파악조차 되지 않는다. 사람들은 자기가 본 것만 믿고 확신하는 경향이 있다. 미디어가 보여주는 시니어는 폐지를 줍거나, 그동안 벌어들인 돈으로 영원한 젊음을 사고 싶어 하는, 둘 중 하나이다. 대다수 시니어들은 어디에서 어떻게 살고 있는 것일까? 이 질문에 대한 답을 도출할 때 시니어 비즈니스의 올바른 방향을 설계할 수 있다.

____ 부양에 치우친 노인복지

현대 사회를 '핵개인의 시대'라고 부른다. 개개인의 개성이 존중받고 존중받는 만큼 니즈도 각기 다르다. 시니어라고 해서 한 덩어리로 묶어서 똑같은 서비스를 제공하거나 똑같은 상품을 판매하는 시대는 지났다. 물론 걸음마 단계이기 때문에 많은 과제를 한꺼번에 해결할 수는 없을 것이다.

노인복지라고 하면 정부와 개인, 관련 단체 대부분 주거복지 서비스부터 떠올린다. 노인복지시설과 장기요양보호시설이 명칭도 혼재되어 쓰이는 것만 봐도 우리나라 노인복지는 저소득 취약계층의 주거복지에 치우쳐 있음이 여실히 드러난다.

'노인복지법'은 1981년에 제정된 노인 정책 대표 법률이다. 40여 년이 흐르면서 새로운 노인 정책이 필요할 때마다 법률을 추가하고 시행령을 붙이거나 삭제하다 보니 법률이 사실상 누더기가 되었다.

제1조(목적)를 보면 '이 법은 노인의 질환을 사전예방 또는 조기발견하고 질환상태에 따른 적절한 치료·요양으로 심신의 건강을 유지하고, 노후의 생활안정을 위하여 필요한 조치를 강구함으로써 노인의 보건복지증진에 기여함을 목적으로 한다.'고 규정되어 있다. 이 목적에 부합하게 노인복지를 지원하기 때문에 '노인빈곤'이나 '노인인권' 같은 문제가 선진국 수준처럼 다뤄지지 않고 있다.

한창 활동하고 있는 사람들도 65세 이상이 되면 '노인복지법'에 근거해 각종 복지 혜택을 받는다. 90세가 넘어 거동하지 못하는 분과 갓 65세를 넘긴 시니어들이 동일한 복지 혜택과 정책의 적용을 받고 있다. 이는 제도적 변화가 필요함을 의미한다. 대한민국의 노인복지는 40년 전 기준에서 크게 벗어나지 못하고 있다.

2024년 노인보건복지 예산은 총액 25조 6천483억 원이다. 총액만 놓고 보면 10년 전 대비 4배가 증가했다고 한다. 그동안 오른 물가를 대입해 보면 결코 미래를 대비해서 선제적으로 증가시켜 온 것은 아니다. 보건복지부에서는 노인 인구가 증가한 만큼 관련 예산도 증가해야 하고, 다양해지는 노년층의 심리·사회·문화적 욕구에 맞춰 다양한 복지 서비스를 개발하겠다고는 하지만 말뿐이다. 대부분 예산이 돌봄 예산으로 편성되어 있어서이다.

　이 가운데 10%만이라도 시니어에 진입하는 세대를 위해 쓰일 수는 없을까. 또한 노인보건복지 예산은 국가 전체 예산 가운데 3%뿐이다. 시니어 인구가 전체 국민의 60%가 될 날이 멀지 않았는데 예산은 고작 3%에 불과한 게 현실이다.

　2019년 니혼게이자이 신문은 "행복한 은퇴는 환상이다"라는 기사를 내보냈다. 일본이 잃어버린 30년에는 시니어 비즈니스 30년도 포함되어 있다. 한국보다 30년 일찍 시작했지만 이제야 시장이 본격화되었다고 스스로 평한다. 그 원인은 노인들의 니즈를 읽고 소비 당사자로서의 시니어를 분석하는 것이 아니라, 복지 대상으로 시니어를 규정하고 바라봤기 때문이라고 분석하고 있다. 일본의 시니어 비즈니스 시장 규모는 100조 엔을 넘어 한국의 10배 이상이다. 시니어를 '시니어가 아닌 욕구를 가진 소비자'로 인식한 후에야 시장이 팽창한 것이다.

　이와 비교하면 우리나라 시니어 정책이나 비즈니스는 시니어를 요양병원에서 죽을 날을 기다리는 대상으로 치부한 느낌마저 든다. 70세만 넘어도 운전면허를 반납해야 한다고 하고, 지하철을 타면 무임승차자라고 젊은층이 백래시한다고 보도한다. 간단한 이동 수단 하나에도 사회적 합의는커녕 언론에서의 보도 관점도 정돈되지 못한 채 우왕좌왕한다.

시니어는 그저 나이 든 '사람'이다. 욕구가 소멸된 것도, 경제활동을 할 수 없는 것도 아니다. 그럼에도 우리 사회 시니어 산업은 대부분 요양과 치매 예방 등에 치우쳐 있다.

노인의 연령 스펙트럼은 65세 이상부터 생애 말기까지를 포괄하므로, 30년이 넘는 연령 차이가 발생하게 된다. 연령만 차이 나는 게 아니다. 빈곤한 노인과 경제적으로 여유가 있는 노인이 국가와 사회에 원하는 바가 다르듯이, 건강한 노인과 건강하지 않은 노인에게 제공되어야 할 서비스의 내용도 달라져야 한다.

디지털 사회에 적응해 나가는 속도에 있어서 개인별 차이도 크다. 그동안 노인복지의 기준이 '취약한 노인을 보호하는 것'에 맞춰져 있었다면, 이제는 개개인이 자신에게 맞는 노후의 삶을 스스로 꾸리고 결정할 수 있도록 제도와 기준이 보강되어야 할 시점이 된 것이다.

_____ 65세는 인생의 블랙홀이 아니다

MIT 에이지랩의 창립자인 조지프 코글린(Joseph Coughlin)은 《노인을 위한 시장은 없다》라는 저서를 통해 기존의 시니어 비즈니스의 실패 원인을 다음과 같이 설명한다.

> "거버 이유식을 구입할 때는 손주에게 먹이기 위해 산다고 그
> 럴듯하게 둘러댈 수 있지만, 노인용 식품을 사면서는 그렇게 말
> 하지 못한다. 노인용 식품을 사는 것은 마치 내가 나이가 많고
> 치아도 성하지 않다고 고백하는 것과 같다."

하인즈가 오랜 시간 연구해서 개발한 시니어 전용 통조림
은 필요 여부를 떠나 욕구를 읽지 않은 오류로 인한 대표적
인 실패 사례로 자주 거론된다. 요즘 시니어들이 거버 같은
이유식을 찾는다면 그것은 단연코 건강 때문이고, 시간을 요
리가 아닌 다른 활동에 쓰기 위함이다.

시니어 소비자를 공략하기 위해 수많은 기업들이 연구하
고 제품을 내놓지만 아직 성공한 케이스는 거의 없다. 당장
내 기억에도 '시니어'라고 대놓고 라벨을 붙인 제품을 산 기
억이 없다. 가전 3대 이모님이라는 애칭이 붙은 식기세척기,
건조기, 로봇청소기는 신혼부부를 대상으로 광고하지만, 주
요 구매자는 실제 살림이 힘들어진 시니어와 1인 가구이다.

시니어들은 자기 나이를 인정하지 않는다. 시니어만 그런
게 아니라 30대, 40대도 20대처럼 보이길 원한다. 모든 소비
자는 자신의 나이를 실제 나이보다 젊게 인식하고 제품을 구

매한다.

유한킴벌리는 요실금 팬티를 오래전 '스타일 팬티'로 명칭을 변경했다. 제품 겉면에 등장한 모델은 시니어가 아닌 젊은 남녀이다. 운동하는 영상광고에서 음소거를 하고 보면 골프나 요가 광고로 오해할 정도로 시니어는 단 한마디, 한 장면도 등장하지 않는다.

이처럼 시니어들을 노인으로 취급하지 않고 '욕구'를 발산하는 고객으로 인식하는 것은 시니어 마케팅에서 매우 중요하다. 나이가 들면 젊은 시절에 비해 신체상의 한계가 생기는 것은 분명하지만, 시니어들이 오로지 그 조건으로 제품을 구매한다고 생각하면 안 된다.

시니어를 구분하는 통일된 연령 기준은 없으나, 사회적인 통념과 노인복지법, UN의 노령인구 정의를 고려할 때, '65세 이상의 고령자'를 시니어로 규정할 수 있다. 하지만 65세가 되어 갑자기 '나는 오늘부터 시니어'라고 인식하는 사람은 거의 없다. 액티브 시니어라는 말을 처음 만들어 낸 미국 심리학자 뉴가튼(Bernice Neugarten, 1916~2001)에 의하면 '노인'은 75세 이후를 의미하며, 50세부터 75세까지를 '액티브 시니어(Active Senior)'로 구분한다. 그 이전에 40~49세부터는 '프리 시니어(Pre-senior)' 시기를 거치며 퇴직을 앞두고 준비한다고 한다. 50세에서 75세까지의 액티브 시니어(Active

Senior)는 경력을 토대로 경제력과 소비력을 갖춘 상태에서 왕성한 활동을 한다고 주장했다.

액티브 시니어라는 용어를 활성화시킨 것은 다름 아닌 기대수명이다. 기대수명이 높아짐에 따라 은퇴 이후의 시기를 실버 세대라고 일괄 규정하기보다 생애주기를 나누듯 세분화해서 접근할 필요성이 생겼다.

프리 시니어와 액티브 시니어가 필요로 하는 제품은 다를 수 있고, 그 외에 활동성이 약한 아더 시니어에게 필요한 제품은 분명 다를 것이다. 또한 액티브 시니어만 있는 것이 아니라 시니어 단계에 진입해서 자신이 시니어임을 받아들이는 과정이 필요한 엔트리 시니어도 있다. 이는 시니어 상품을 개발함에 있어서 기능과 용도에 초점을 맞추고, 마케팅

뉴가튼 이론에 의한 시니어 구분	
프리 시니어 Pre-senior	액티브 시니어 Active senior
은퇴를 앞두고 준비하는 단계로 아직 경제활동을 하고 있어 소비활동이 활발한 45~59세	은퇴 후 탄탄한 경제력을 바탕으로 소비 및 사회활동이 활발하고 신체적 제약이 거의 없는 50~74세
아더 시니어 Oder senior	실버 Silver
신체적 제약은 거의 없으나 은퇴 후 상대적으로 낮은 경제력과 가족 의존적인 모습을 보이며 소비 관여도가 낮은 50~74세	노화로 인해 신체활동과 경제활동을 할 수 없는 70대 이상

목적을 명확히 해서 집중해야 함을 의미한다.

또 하나 간과할 수 없는 한국인만의 특징도 있다. 한국의 시니어들은 소외받는 느낌 없이 최대한 대접받기를 원한다. 품격이 있기를 원하고, 나이 때문에 영향력이 줄어드는 것을 극도로 싫어한다. 체력만 받쳐준다면 '평생 현역'으로 살기를 원한다. 돈은 필요해서 벌기도 하지만, 돈을 벌고 쓰면서 아직도 이 사회에 필요하고 당당한 구성원이라는 자부심을 느끼고 싶어 한다.

따라서 시니어 비즈니스에서 성공을 꿈꾼다면 다음과 같은 몇 가지를 염두에 두어야 할 것이다.

첫째, 나이가 아닌 기능과 용도에 집중해야 한다.
시니어는 시니어라는 용어 자체를 안 받아들이는 경향이 있다.

둘째, 사용 연령보다 홍보 연령은 더 젊게 설정한다.
현재의 5070들은 과거 그 어느 때보다 젊게 나이 들어가고 있다.

셋째, 직관적이고 간단하게 한 가지 기능을 충실하게 보여

시니어 파워 시대

준다.

여러 기능을 탑재해도 자신에게 익숙한 몇몇 기능만 주로 쓰는 것이 사람이 기계를 다루는 방식이다. 스마트폰에 수많은 앱이 깔려 있어도 쓰는 앱만 쓰는 건 어른도 아이도 똑같다. 강력하게 소구하기 위해서는 가장 충실한 기능 한 가지만 어필하면 된다.

넷째, 디자인만 화려하고 편리함이 결여되면 구매력이 떨어진다.

예쁜 쓰레기보다는 투박해도 쓸모 있는 기능을 더 원하기 마련이다. 디자인은 편리함을 돋보이게 하는 도구일 뿐이다.

다섯째, 편리함과 함께 합당한 가격에 지갑이 열린다.

고급 럭셔리만 고집할 때 한계가 빨리 온다. 한 달에 1천만 원을 쓰는 시니어라고 해서 매번 비싼 것만 사지 않고, 한 달에 1백만 원으로 생활한다고 해서 매번 쫄쫄 굶으며 다니지 않는다. 시니어는 이미 트랙을 한 바퀴 돌았기 때문에 두 바퀴를 돌 때는 자신의 페이스를 조절할 줄 아는 노련함이 깃들어 있다. 나름대로의 현명함과 합리성으로 제품과 서비스, 사람을 구별한다.

광고업계에서는 자동차 브랜드 링컨(Lincoln)이 광고를 할 때 내세운 'Dynamic Lower Entry' 기능 탑재를 매우 좋은 예라고 평가한다. 링컨은 럭셔리 자동차 브랜드이기 때문에 비교적 구매 연령이 높은 편이라고 한다. 하지만 '시니어를 위한'이라는 직접적 의도를 감추고 탑승 또는 짐을 실을 때 자동으로 높이를 낮춰주는 기능이 있음을 최대한 강조했다. 시니어에게 팔고자 했지만 '시니어를 위한 제품'이라는 것을 버리고 '기능과 기술이 편리한 럭셔리 제품'이라고 다가간 것이 주효했다. 시니어에게 특화된 기능을 자연스럽게 어필하는 것이 시니어에게 스며드는 방법이다.

____ 요양과 치매에서 벗어나기

노인인구가 빠르게 증가하면서 치매나 뇌졸중, 파킨슨병 등 신경계 질환 발생 빈도도 빠르게 증가하고 있다. 젊은층에서는 공황장애가 몇년 사이에 쑥 늘었고, 고령층에서는 치매를 비롯한 신경계 질병 인구가 가파르게 증가하고 있다. 아파서 병원에 입원하는 단계 이전에 건강하게 일상생활을 누리는 것이 급선무가 되었다.

2024년 6월에 보건복지부가 발간한 '노인복지시설 현황'

에 따르면 치매와 중풍 등의 원인으로 노인의료복지시설(노인요양시설, 노인요양공동생활가정) 이용자 수는 2022년도보다 2023년에 4.62% 증가했다. 시설에 입소하지 않고 가정에서 목욕, 식사 등의 도움을 받는 재가 서비스 이용자 수는 2022년도보다 2023년 17.02%가 늘어나 급증하는 추세에 놓여 있다. 재가노인복지시설 또한 2022년 대비 2023년도에는 19.7% 증가했다. 재가노인복지에 관련해 1년 동안 20% 가량 이용자와 시설이 급증했음을 보여주는 대목이다.

이 보고에서 알 수 있듯이 우리나라 노인복지는 의료·요양·돌봄에서 벗어나지 못하고 있다. 벗어나기는커녕 해마다 더 많은 예산을 투입하는 추세이다. 노인복지에 관한 한 정부는 국민의 공평한 수혜를 기본 틀로 조직하기 때문에 한계를 띨 수밖에 없다. 75세 이상의 의료 요양 사업에 복지 예산 대부분이 쓰이는 현실에서 노인생활 진입단계에 해당하는 65세 이상 액티브 시니어들이 누릴 수 있는 복지에 대해서 숙고가 필요한 시기이다. 베이비붐 세대의 은퇴와 함께 노인 인구 구성이 기존과 매우 달라지고 있지만 시니어의 생활환경은 과거 산업화 세대가 노인세대가 된 데에서 크게 바뀌지 않고 있다.

지자체마다 다르겠지만 현재 눈에 띄는 것은 서울특별시의 50플러스재단 정도이다. 하지만 이마저도 65세 이하인 중장년들의 생애 설계나 직업교육을 돕는 프로그램에 그치고 있다. 따라서 의료·요양·돌봄을 떠나 65세 이상의 건강한 액티브 시니어들이 필요로 하는 여가문화, 생산적인 활동, 일자리 등의 프로그램을 더 개발해야 한다.

현재 5070의 가장 큰 화두는 '나'이다. 나이답게 사는 게 아니라 나답게 사는 것을 추구한다. 수동적으로 도움을 받는 사람이 아닌, 제2의 자기 삶을 찾으려는 능동적인 주체로 스스로 인식을 바꾸고 있다. 이들의 다양한 욕구를 수용하기에는 현재의 서비스들이 다소 부족한 게 사실이다. 그렇기에 비즈니스 개발의 최적기를 맞이한 것이라 하겠다.

보건복지부의 자료에 따르면 건강한 노인들이 취미생활을 위해 이용하는 노인여가복지시설인 노인복지관, 경로당, 노인교실 등은 2023년도 기준 7만 개가 넘게 운영되고 있다고 한다. 하지만 실상은 이용하지 않는 노인인구가 훨씬 더 많다. 더군다나 65세 이상을 노인인구로 산정할 때, 본인이 경로당이나 노인복지관에 나갈 나이라고 여기는 건강한 시니어는 많지 않다. 경로당 역할과 운영 방식에 대해 제고할 필요가 있다.

현재 시니어들은 2030세대 못지않은 소비력과 왕성한 활동력을 갖고 있다. 이들이 여가시간을 위해 루틴처럼 경로당에 갈까? 정부의 노인정책 또한 천편일률적인 복지 개념에서 벗어나 다양한 욕구를 발산시킬 수 있도록 혁신되어야 한다.

2024년 8월 말 국토교통부가 '제3차 장기 주거종합계획'을 발표하면서 '시니어 레지던스 활성화 방안'을 포함시켰다. 그동안 노인복지주택은 토지와 시설을 소유한 민간 사업자만이 사업을 신청할 수 있었는데, 토지와 시설을 소유하지 않고 사업계획만으로도 실버타운을 운영할 수 있게 규제를 완화한다는 게 골자이다. 2차 베이비붐 세대까지 모두 은퇴한다는 앞으로 10년 후를 내다본다면 시니어 레지던스 사업은 분명 어떤 형태로든 활성화되는 게 마땅하다.

그런데 이것이 대다수 시니어들에게 가장 시급한 문제인지에 대해서는 저마다 이견이 있을 것이다. 누군가는 먹는 것이 시급하고, 누군가는 외로움에 치를 떨 것이고, 누군가는 종일 일하지 않아도 좋으니 일자리를 원할 것이다. 그 요구를 정부가 다 맞춰줄 수도 없다. 하지만 정부와 민간, 우리 모두가 각성할 필요는 있지 않을까? 현재 시니어라는 이름 아래 행해지는 많은 일들이 허리 굽은 노인 중심은 아닌지. 시니어는 생각보다 젊고 활동적이며 아직도 현역인 사람이 대부분임을 감안해야 한다.

민간에서 비즈니스를 담당하는 사람들일수록 인식 개선이 필요한 대목이다. 시니어 스타트업에서 주목받는 기업들만

살펴보아도 요양 돌봄에 무게가 실려 있다.

　정부는 시장의 바람을 담아서 정책을 만들어 내는 역할이고, 시장을 키우고 발전시키는 것은 민간의 영역이다. 비즈니스의 영역에서 정부 정책과는 좀 분리할 필요가 있다. 비즈니스 당사자조차 시니어를 소비자가 아닌 정말 노인으로 인식하는 것은 아닐까 하는 의구심이 든다.

____ 이제는 체력 비즈니스

노화란, 나이가 들면서 신체 기능이 저하되고 질병과 사망에 대한 염려가 급격히 증가하며 쇠약해지는 과정이다. 노화로 인한 질환은 암이나 치매 같은 질병과는 다르다. 오랜 시간에 걸쳐 습관적으로 진행되며 자신도 모르는 사이에 전반적인 신체 기능과 활력이 떨어지는 현상이다. 여성과 남성 모두 갱년기 즈음에 신체 변화를 심각하게 느끼게 된다. 수면의 질이 떨어지고 고혈압이나 당뇨 같은 성인 질환으로 인해 상복하는 약이 한두 가지 생기기 마련이다. 갱년기를 기점으로 건강관리에 부쩍 신경 쓰게 되는 이유도 여기에 있다.

　모든 사람의 마음이 다 똑같지 않듯 신체 능력도 다 제각각이다. 은퇴 이후의 나이는 절대적인 시간의 순서가 아니라 본인이 만들어 가는 신체 능력의 순서가 된다. 체력이 급격히 떨어지거나 질병에 노출된 65세와 근육이 탄탄해서 한 시간 이상 걸을 수 있는 75세를 비교하면 당연히 75세가 더 젊다고 할 수밖에 없다.

나이 93세의 리처드 모건이라는 시니어 실내 조정 선수가 화제가 된 적이 있다. 아일랜드 리머릭 대학의 연구진이 시니어 실내 조정선수 리처드 모건의 신체능력과 운동법, 식습관 등을 분석해 미국 응용생리학저널에 연구 결과를 발표했다. 93세인 모건의 신체 능력은 30대, 40대 수준이라는 것이다.

실내 조정이란 실내에서 로잉 머신(실내 조정기구)에 올라 줄을 당기는 방식으로 가상으로 배의 노를 저어 기록을 재는 운동이다. 젊었을 때 제빵사로 일한 모건은 은퇴 후 70대 초반까지 규칙적으로 운동하지 않는 평범한 노인이었다. 그는 조정선수인 손자가 권해서 73세에 처음 실내 조정운동을 시작했다. 아마도 할아버지의 건강을 염려해서 손자가 잘 아는 운동을 권했을 것이다. 꾸준하고 규칙적으로 운동한 결과 2022년 경량급 90~94세 부문 세계 챔피언에 오르는 등 실내 조정 선수로 뛰고 있다.[8]

그의 신체 능력을 연구하고 발표한 대학교 연구진의 결론은 평범하지만, 중요하다. 연구 결과는 '사람의 몸에 운동하기 늦은 때란 없다'는 것을 말해 준다.

신체활동에 비교적 제약이 없는 시니어들이 가장 많이 투자하는 것 역시 '건강'이다. 나이가 아닌 건강한 능력에 포커스를 맞출 필요가 있다. 활발한 사회생활과 여가생활을 지향하는 시니어들에게 필요한 건강 비즈니스와, 요양이 필요한 시니어에게 건강 비즈니스는 대상도 목적도 다르다.

보디 프로필 열풍이 휩쓸고 지나간 뒤, 몸짱에 도전하는 50대와 60대들이 부쩍 늘었다. 건강과 신체 회복을 위해 운동을 시작한 다음 보디 프로필을 찍으며 성취감을 느끼는 게 유행처럼 번지고 있다.

"운동을 그냥 하면 재미없는데 아가씨 때처럼 늘씬한 몸을 사진으로 찍겠다고 생각하니 더 열심히 하게 돼요."

"카톡 프사에 누구처럼 인생사진 한 번 걸어놓고 싶어서 시작했어요."

"제가 고혈압, 당뇨가 경계 수치였거든요. 어쩔 수 없이 시작했는데 이젠 보디 프로필 전도사야, 친구들한테 도전하라고 권해요."

시니어가 붐비는 보디 프로필 사진관이 처음부터 50대,

60대를 겨냥해서 문을 연 것은 아닐 것이다. 나이에 상관없이 자신이 하고 싶은 것을 할 뿐인, 그런 사람이 주요고객이 된 것이다. 시니어가 건강에서 한 걸음 더 나아가 외모에 투자하면서 화장품도 패션도 시장 판도가 변하고 있다. 동네 뒷산을 오르기보다 기능성 운동화를 신고 크루들과 함께 한강을 뛴다. 50대, 60대 여성이 주축이 되어 여성축구단을 결성하고, 개인 PT를 받는 70대도 흔하다.

　이들은 가족부양의 굴레에서 벗어나면서 만들어진 시간적, 경제적 자유를 자신에게 투자하며 이제껏 본 적 없는 라이프 스타일을 만들어 가고 있다. 시니어라는 꼬리표는 필요가 없다. 자신의 신체 능력에 따라 보디 프로필도 찍을 수 있고, 마라톤에 도전할 수도 있고, 운동지도사로 새 삶을 살 수도 있다.

명확한 비즈니스 목표 마련이 중요

시니어 비즈니스를 지금까지 포괄적이고 거시적으로 대했다면 앞으로는 좀 더 세심하고 정교해질 필요가 있다. 시니어들 사이에서도 '노인네'라고 부르는 기존의 실버 세대는 소득 불안감 때문에 꼭 필요한 필수 항목에만 지출하는 편이었다. 반면, 베이비붐 세대들은 소비 의지가 높고, 외식, 오락, 문화 등의 가치소비를 즐기는 성향이 뚜렷하다.

과거 노인들이 길어진 수명을 그야말로 '여생'이라고 생각하며 집밖을 거의 나가지 못하고 손주나 돌보는 일로 시간을 보냈다면 현재 시니어들은 매우 독립적인 생활을 하는 편이다. 자식과 같이 살기를 원하지도 않고, 남아 있는 시간이 여생이라면 그 시간을 자신을 위해 쓰고 싶어 한다.

지금부터의 시니어는 자신의 남은 인생을 즐기는 방식이 다르다.

첫 번째, 미래가 아닌 현재 잘 지내기를 원한다.

웰다잉을 위해서는 웰니스나 웰빙, 웰에이징이 우선되어야 한다. 즉 현재 자기 자신이 얼마나 잘 지내고 있느냐가 요즘 시니어의 최대 관심사이다. 나이를 불문하고 아름답게 보이기를 원하고, 신체적으로나 정신적으로 건강하기 위해 웰니스를 추구한다. 운동도 단순한 운동이 아닌 신체적 정신적 균형을 추구한다. 무조건 '배만 안 나오면 돼'가 아니라 근육과 지방의 비율, 코어 힘의 강도까지 다 고려해서 운동한다.

두 번째, 재미를 추구한다.

시니어 파워 시대

시니어들이 자주 하고 자주 듣는 말은 '산다면 얼마나 산다고'이다. 젊은 사람들 눈에는 이상하게 차려입거나 유난스러워 보이는 취미를 즐기는 시니어들이 있다. 이들은 가족과 주변의 시선 때문에 도전해 보지 못했던 것들에 도전한다. 또한 팬덤의 다수를 차지하는 시니어들은 팬덤활동을 통해 지나간 사춘기를 불러와 즐기는 중이다.

세 번째, 원스톱으로 해결하길 원한다.

마음이 젊고 '늙지 않으려고' 애쓴다 해도 신체 능력이 감소하는 것은 어쩔 수 없는 일이다. 인지력이 감퇴하고 노력해도 실수하는 일이 잦아진다. 시니어들은 그래서 편리함을 추구한다. 젊은층에서 유행하는 귀차니즘과는 상당한 차이가 있다. 시간이 별로 없기 때문에 효율성과 편리함을 따진다.

베이비붐 세대의 은퇴로 인해 시니어층이 넓어지고 비즈니스 기회가 넓어진 것은 분명하다. 하지만 시니어 비즈니스는 그 어느 대상보다 신중하고 까다로워야 한다. 시니어들에게는 축적된 자금만큼 지금까지의 경험이 쌓여 있다. 안목이 까다롭고 호불호가 명확하며 필요 없다고 여기면 단 10원도 쓰려고 하지 않는다. 가장 부유한 은퇴 세대라고 해서 돈을 절대로 함부로 쓰지 않다.

여기에서 우리는 시니어 비즈니스 룰은 하나 발견할 수 있다. 목표가 명확해야 한다는 것이다.

시니어에게 현재에 평안함을 줄 수 있는 일인가?
시니어에게 재미를 줄 수 있는 일인가?
시니어에게 편리함을 선사할 수 있는가?

하다못해 카페를 하더라도 그 목표가 명확해야 한다. 질병 예방과 건강관리를 위해서 적극적으로 투자하는 시니어는 점점 늘어나고 있는데 골목마다 하나씩 생기는 카페는 특색 없이 가격 경쟁만 벌인다. 시니어 전용 카페를 열라는 뜻이 아니다. 그 카페에 가면 자신이 행복하게 지내고 있음을 확인할 수 있고, 편리하고, 재미가 있다면 시니어들이 늘어날 수밖에 없다는 뜻이다.

스마트폰 사용법을 배우려는 어르신들은 늘어나는데 전자제품 사용설명서의 크기는 돋보기를 껴도 잘 보이지 않는다. 눈에 띄지 않는 곳에서부터 시니어 친화적 환경이나 제품들이 늘어날 필요는 모두가 느끼지만 어디서부터 어떻게 시작할지는 다 막연할 수밖에 없다.

2012년 도쿄 디즈니랜드의 TV 광고에는 어린아이가 아닌 시니어가 등장해 인생의 행복한 추억을 공유하며 은퇴 세대의 공감을 불러일으킨 바 있다. 도쿄 디즈니랜드는 이와 더불어 시니어 티켓 할인 등 특전을 제공하였다. 어린이 고객과 이들을 동반한 젊은 부모들이 주요 타깃이었던 테마파크가 시니어 고객을 새로운 타깃으로 선정한 것이다.

시니어에게 나이는 자기 히스토리일 뿐이다.

시니어가 원하는 것들

_____ **오래 살기보다 건강하게 사는 것이 목표**

한국보건산업진흥원은 국내 시니어 산업이 2030년이면 168조 원으로 성장할 것으로 전망하고 있다. 평균 기대수명이 80세를 훌쩍 넘길 정도로 길어진 만큼, 건강하고 오래 편안하게 60세 이후 인생을 영위하는 것이 시니어 산업의 최대 관건이다.

서울아산병원과 빛고을전남대학교병원의 공동 연구에 따르면 만성질환자는 늘고, 운신을 못하는 노쇠자는 줄었다고 한다. 2008년부터 2020년까지 65세 이상 노인 1만7천여 명을 대상으로 연도별 노인의 건강 동향을 분석한 결과, 지난 12년간 만성질환 유병률은 약 2배 증가했지만 노쇠한 비율은 절반가량 감소했다는 것이다. 연도별 노쇠한 노인의 비율은 2008년에는 41.1%였으나 2020년에는 23.1%로 절반가량 감소한 것으로 나타났다. 건강한 노인 비율이 2008년 28.7%에서 2020년 44.2%로 크게 증가했다. 일상적인 활동에 어려움이 있는 노인 비율은 2008년 42.2%에서 2020년 12.0%로 확연히 줄었다.[9] 일상생활과 활동에 어려움을 겪는 노인은 10명 중 약 1명 정도이다.

이 결과는 시니어 비즈니스가 요양 돌봄이 아닌 건강한 노화를 중심으로 폭넓게 확장될 순간에 와 있음을 시사한다. 시니어의 대부분은 경제활동과 여가활동 등에 적극적으로 참여하고 있다. 최대한 건강한 상태로 삶의 질을 유지하는 헬시 에이징(healthy aging)이 대세로 떠올랐다. 과거에는 질병이든 노화든 돌봄 위주의 시니어 비즈니스가 주력이었지만 최근에는 '건강한 노화'에 관심이 집중되고 있다.

2020년 우리나라 기대수명은 83.5세이고, 건강수명은 66.4세이다. 마지막 약 20년은 질병이 아닌 '신체 노화'와 싸우며 보낸다. 이에 신체 노화를 예방, 지연시키는 것이 가장 중요하고, 그 시기는 활동력이 왕성할 때부터 시작되어야 한다. 신체 능력이 원활할 때부터 균형 잡힌 생활습관이 중요하고, 그 가운데에서도 식단, 운동, 스트레스 관리가 3대장이라 할 수 있다.

2020년 12월에 열린 UN총회에서는 '2021~2030년, 건강한 노화 10년'을 선언하고 중요한 의제로 다루었다. 우리나라뿐만 아니라 전 세계적으로 고령 사회가 도래함에 따라 2030년이 되면 세계 인구 6명 가운데 1명이, 2050년에는 5명 가운데 1명이 60세 이상의 노인인구가 된다고 한다. UN은 향후 10년이 세계 보건이나 인구 문제에 가장 중요한 10년이라고 내다보고 있는 것이다.

UN에서 발표한 건강한 노화를 위해 노력해야 할 네 가지 영역은 다음과 같다.[10)]

연령주의 타파

연령주의는 노인이나 노화에 대해 부정적으로 바라보고, 나이에 따라 능력과 태도를 미루어 짐작하는 일종의 차별적 사고이다. 건강한 노화로 방향을 돌리기 위해서는 나이 듦에 대해 가지는 고정관념, 편견, 차별 등을 없애야 한다.

노인의 역량 발휘

노인들이 자신이 원하는 삶을 살아갈 수 있도록 지역사회

여건이 마련되어야 한다. 일할 기회, 사회 활동, 여가문화 등이 고령자 친화적인 도시가 늘어나야 한다. 실제 6명 가운데 1명, 혹은 5명 가운데 1명이 고령자라는 사실을 각성해야한다.

통합적 돌봄 제공

고령자가 안전하게 살고, 참여하고, 이동할 수 있는 환경을 도시 계획, 주거 환경, 교통 시스템 등에 반영하여 살던 곳에서 계속 돌봄을 받을 수 있게 지역 자원을 개발해야 한다.

장기요양 서비스 확대

UN에서는 아시아를 비롯한 중진국 선진국을 다 포함하기에 장기요양 서비스를 주요한 어젠다로 채택했다. 우리나라에서 실시하고 있는 노인장기요양 사업이 전 세계적 모델이될 수 있을 것이다.

2023년 발간된 하나은행연구소의 '시니어 케어 시장의 확대와 금융회사의 대응' 보고서에 따르면 "국내 시니어 케어 시장이 영세한 개인사업자 위주로 형성되면서 질적인 측면에서의 성장은 더딘 편"이라며 "시장 전 영역에 민간 기업 진출이 확대되면서 경쟁 구도가 점차 변화할 전망"이라고 진단

했다.

실제로 다양한 분야와 기업에서 시니어 맞춤 서비스를 제공하겠다며 나서고 있다. 상조업계의 1, 2위를 다투는 회사들이 시니어 주택이나 디지털 헬스 케어 등의 시니어 생활 전반을 아우르는 사업에 진출하면서 규모의 전쟁이 시작되었다.

특히 눈에 띄는 기업은 학습지 '빨간펜'으로 유명한 교원 그룹이다. 저출생 고령화 현상이 본격화되면서 2010년 상조 서비스 교원라이프를 시작했고, 최근에는 '시니어 한 달 살기' 상품을 출시했다. 아이들의 학습지로 성장한 회사가 장례상품을 취급하는 상조회사를 설립하고, 이 상조회사의 장례상품을 여행으로 바꿀 수 있도록 서비스를 대체하고 있다. 이는 우리 사회 비즈니스 흐름을 한눈에 보여주는 사례이다. '시니어 한 달 살기'는 액티브 시니어의 니즈를 읽은 상품으로, 3주간 해외에서 외국어를 배우고 이색 문화 체험도 즐길 수 있는 여행프로그램이다. 액티브 시니어가 늘어나고 소비할 여건도 마련되었음을 이 기업이 비즈니스를 추구하는 방향에서 엿볼 수 있다.

하지만 진정한 헬시 에이징 산업은 아직 태동기나 다름없다. 시니어를 겨냥한 다양한 상품들이 출시되지만 결국은 의료 요양 사업이 핵심 산업이라는 점은 아쉽다. 일례로 시니

시니어 파워 시대

어 전문 운동 프로그램을 제공하는 '노리케어', 고령자를 위한 맞춤형 돌봄 로봇 사업을 하는 '미스터마인드', '효돌' 같은 스타트업이 있다. 간병인 매칭 서비스를 하는 곳은 수십 군데에 이른다. 이들의 공통적인 특징은 헬시 에이징이 아닌, 돌봄에 초점을 두고 있다는 것이다. 물론 돌봄 시장의 규모나 필요성에 대해서는 두말할 필요가 없지만 많은 스타트업들이 이 분야에 쏠리고 있어서 한계가 빨리 올 수도 있다.

돌봄 사업은 레드오션에 가까울 만치 난립하는 상황에서 오히려 미용 성형, 영양제, 건강식품 등의 시장이 커지고 있는 데에서 액티브 시니어들의 헬시 에이징 욕구를 읽을 수 있다. 젊게 보이고 싶고, 활력 있게 지내고 싶고, 만약을 대비해 늘 건강하게 지내고 싶어 하기 때문에 영양제 등의 건강 보조제와 함께 피트니스 센터나 근육강화 프로그램이 인기를 얻고 있다.

최근 소비의 주류로 자리 잡은 분야에는 대표적으로 식품 업계가 있다. 코로나 팬데믹 이후 식품 소비 증가와 시니어 인구의 증가로 55~69세의 식료품 구입비는 젊은 세대의 거의 2배에 육박했다. 이들의 니즈에 맞춰 간편하게 맛과 건강을 모두 챙길 수 있는 프리미엄 간편식이 시장을 평정하고 있다.

액티브 시니어의 건강에 대한 관심은 운동에 관련된 소비

규모에서도 확인된다. 최근 10년 사이 50대 이상에서 운동을 위한 지출이 빠르게 증가했다. 55~69세 전체의 운동오락서비스 이용금액은 25~39세 전체의 0.9배로 동일 연령대 기준 고작 0.3배에 불과하던 10년 전과 큰 차이를 보였다. 시니어들이 정적인 여가를 즐길 것이라는 생각이 더 이상 맞지 않게 된 것이다.[11]

계속 일하고 싶은 시니어

수도권에 사는 정○○(60대 중반) 씨는 시니어 프리바이터족이다. 평일 아침에는 이웃집 맞벌이 부부의 자녀 등교를 돕는다. 서울로 출퇴근하는 부부는 아침 7시가 되기 전에 집에서 나가야 해서 어린 두 자녀를 정○○ 씨에게 부탁했다. 정○○ 씨는 7시 30분에 이웃집으로 가서 아이들을 깨워서 아침을 먹이고 등교 준비를 해서 학교까지 데려다 준다. 그런 다음 다시 집으로 돌아와 잠시 쉬고 점심을 먹은 다음, 3시부터 6시까지 학원 차량을 운행한다. 그리고 주말에는 특별한 사정이 생기는 아이들을 돌봐준다. 알음알음으로 비슷한 일을 부탁받곤 해서 일이 끊이지 않는다. 정○○ 씨는 보육교사 자격증을 가지고 30년 이상 어린이집에서 근무한 경력이

있다. 지금은 정○○ 씨의 자녀들도 다 성장해서 독립했지만
아이 돌보는 일을 계속한다.

> "어린이집 교사를 시작한 이래로 한 번도 쉬어본 적이 없어
> 요. 집에서 가만히 혼자 있으면 뭐해요. 나와서 조금이라도 움직
> 이면 돈도 벌고 사람도 만나고 좋잖아요."

쉬면 불안하다는 것이다. 현재 60대들에게 쉬는 것은 곧
사회적 도태와 같은 의미로 받아들여지고 있다. 2022년 기
준 60세 이상 취업자 수는 사상 최다, 증가 폭은 사상 최대를
기록했다. 저출생 고령화가 본격화하면서 이제 한국에서 일
하는 사람 5명 중 1명은 60세 이상이다.

2024년 통계청 발표에 의하면 2023년 60세 이상 취업자
는 585만8천 명이다. 관련 통계를 작성한 1963년 이후 가장
많다. 60세 이상 취업자 수는 2004년부터는 매년 늘긴 했지
만, 2023년 처음으로 증가 폭이 40만 명을 넘는 등 증가 속
도가 가팔라지고 있다.[12]

정년퇴직 후에도 일하고 싶어 하는 나라는 세계에서 일본
과 한국 정도이다. '요람에서 무덤까지' 구호를 내건 북유럽
복지 국가나 선진국에서 은퇴는 곧 생애 마지막 휴식을 의미
한다. 젊은 시절 낸 세금이 기초 연금을 보장해 주기 때문에

군이 돈을 더 벌려고 하지 않는다. 유럽은 안정적인 사회보장제도가 시니어들의 행복한 노후를 뒷받침하고 있다.

하지만 한국에서 국민연금이나 국민의료보험, 요양보험 등의 사회 보험이 전 국민을 대상으로 실시된 것은 1988년 이후이니 역사적으로 그렇게 오래된 것은 아니다. 2차 베이비붐 세대가 은퇴한 후에야 국민연금이 정착될 것인데 그마저도 조기 고갈을 염려해야 하니 정년퇴직 후에도 벌 수 있다면 더 벌고 싶어 하는 것은 당연하다.

게다가 정년 이후 소득 절벽이 존재한다. 정년은 60세인데 연금 수령은 65세부터라서 연금 액수와 별개로 일하지 않으면 소득 없이 5년을 버텨야 한다.

통계청이 2024년 7월 30일 발표한 '경제활동인구 조사 고령층 부가 조사 결과'에 의하면 계속 일하기를 원하는 고령층은 1천1백만 명이 넘는다. 이는 전체 고령층의 약 70%를 차지하는 비율이다. 우리나라 시니어들이 계속 일을 하려는 데에는 경제적 이유가 제일 크지만, 일하는 즐거움을 이유로 꼽는 비율도 상당히 높다.

이 조사에 의하면 '생활비에 보태기 위해서'라는 응답은 55.0%, '일하는 즐거움 때문'은 35.8%였다. 생활비에 보태기 위해서라는 답변은 1년 전보다 0.8%p 줄었고, 일하는 즐거움은 0.2%p 늘었다고 한다. 이 외에 무료해서(4.2%), 사회

시니어 파워 시대

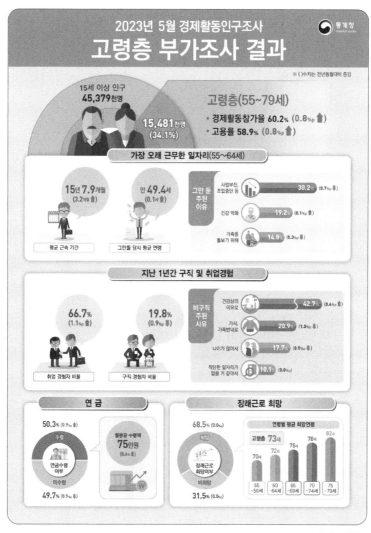

가 필요로 함(2.7%), 건강 유지(2.2%) 등의 답변도 있었다고
한다.

소득은 당연한 이유이고, 경제활동을 계속함으로써 자신의 존재감을 느끼고 싶은 것이다. 돈으로 소득을 따지면 7억 원을 은행에 예치한 사람이나 한 달에 10여 일을 일하는 사람이나 차이가 없다. 월 1백만 원을 벌기 위해서는 하루 8시간 시급 1만 원 노동을 12.5일 정도 하면 된다. 은행 이자로만 1백만 원을 벌려면, 연이자 2%로 계산하면 7억 원 이상 예치하면 된다. 소득을 따져도, 사회적 의미를 따져도 일을 계속 하는 것이 시니어들에게 얼마나 중요한 것인지 알 수 있는 대목이다.

_____ 은퇴 후 삶에 대한 이해가 먼저

한국 사람들이 은퇴 후에도 그토록 일하고 싶어 하는 데에는 비로소 자신의 삶을 찾기 위한 기반이 마련된 것이라는 견해도 있다. 젊어서 주택 마련과 자녀교육, 가족부양에 하고 싶은 바를 제대로 펼치지 못한 바, 은퇴 후 비로소 자기 삶을 살겠다는 욕구를 분출하는 시니어들은 생각보다 많다.

반대로 아무것도 하지 못해서 새로 배워야 하는 삶도 있다. 국회의원을 3선한 의원 이야기를 들은 적이 있다. 4선에 도전했지만 낙선해서 집으로 돌아가는 길, 엘리베이터 버튼도 안 누르고 가만히 있었다고 한다. 늘 누군가가 엘리베이터 버튼을 눌러준 삶을 12년 누리다 보니 정작 생활기술은 제로가 되어버린 것이다. 대기업 임원으로 퇴직한 남편에게 같이 외출하자고 했더니 운전석이 아닌 뒷좌석 문을 열더라는 소리도 전해진다.

은퇴 후에는 전혀 다른 삶이 기다리고 있다. 눈 뜨고, 출근하고, 월급받고, 이벤트를 하고, 각종 약속이 줄지어 있는 그런 일상생활이 없어진다는 의미이다.

은퇴를 하면 세 가지 고민이 생긴다.

첫째, 시간을 보낼 줄 모른다.

일과 휴식으로 나뉜 하루 일과에 맞춰 일상생활을 영위해 왔는데 일을 손에서 놓으면 루틴을 잃어버리기 쉽다. 마치 보상받듯 잠을 자고 여행을 다니면서 휴식에 몰입하게 된다. 그것도 일정 시간이 흐르고 나면 재미없어지고, 도무지 어떻게 시간을 보내야 할지 난감하게 된다.

둘째, 만날 사람도, 만나고 싶은 사람도 없다.

휴식과 마찬가지로 처음 몇 년은 정기적으로 만나는 은퇴 동창들도 있고, 예전 회사 동료도 있어서 사람에 대한 고민

은퇴 준비 체크 리스트			
구분	항목	예	아니오
재무 측면	노후 준비 진단 프로그램인 '백세시대 준비지수'가 90% 이상인가?		
	연금으로 은퇴생활비를 100% 충당할 수 있는가?		
	퇴직 후 국민연금을 받을 때까지 소득공백기에 대비하고 있는가?		
	은퇴 전에 부채 상환을 할 수 있는가?		
	자녀지원은 어디까지 할 것인지 결정되어 있는가?		
비재무 측면	은퇴 후 어디에서 무엇을 하며 살 것인지 미리 구상했는가?		
	퇴직 후 '제2의 일'을 위한 준비를 하고 있는가?		
	평생을 즐길 취미나 여가활동이 있는가?		
	평생을 함께할 친구가 3명 이상 있는가?		
	규칙적인 운동으로 건강관리를 하고 있는가?		

출처: NH투자증권 100세시대연구소

이 거의 없다. 하지만 이것도 시간이 흐르면 점차 소원해지고, 어느새 인적 네트워크라고 할 만한 게 없어진다.

셋째, 무얼 할지 모른다.

자신이 원했던 것은 은퇴 후 5년 정도가 되면 점차 무색해진다. 벼르고 별렀던 어학공부나 자격증에 도전했지만, 실용적으로 써먹지 못하면 무의미해지기 십상이다.

누군가는 손주를 돌보는 황혼육아를 시작하고 누군가는 퇴직금을 정산해 좀 더 살기 수월한 해외이민을 계획하기도 한다. 이 모든 공통점은 계획 없이 은퇴하면 퇴직금만으로는 5년도 버티기 어렵다는 것이다. 그런데 남은 생은 평균 기대수명 기준 30년 정도가 된다.

'어떻게 살 것인가'는 시니어들에게도, 시니어 비즈니스 종사자들에게도 매우 중요한 질문이다.

_____ 한정된 시간이 가져온 힐링 산업의 성장

10년 혹은 20년 후에도 지금 이 능력을 갖고 있을까. 시니어의 대부분은 그것이 불가능하다는 것을 안다. 외모는 젊게 꾸밀 수 있어도 능력은 꾸며지지 않는다. 청바지를 입는다고 해서 물 찬 제비처럼 탄력 있게 걸을 수 있는 게 아님을 본인이 가장 잘 안다. 건강과 시간은 되돌릴 수 없기에 현재 주어진 시간에 자꾸만 '의미를 부여'하게 된다. 이것이 시니어 비즈니스에서 '힐링 마케팅'이 통하는 이유이다.

남은 시간이 유한하기 때문에 내재된 욕망을 분출하는 데에 거리낌이 없어진다. 평소에 해보지 못한 것들을 해보려고 하는 한편, 익숙한 것으로부터 안정감을 느끼는 사람도 있다. '한정된 시간'이라는 제약이 정서적인 안정을 추구하면서도 새로운 지식과 정보를 얻기 위해 더 활발하게 움직이게 만드는 양면성을 갖게 한다.

액티브 시니어들은 신체적 완전 노화가 닥치기 전에 하나라도 더 경험하고 싶어 한다. 베이비붐 시대에 태어난 이들은 오롯이 주인공이었던 적이 거의 없다. 한 교실에서 60명, 70명씩 공부하고, 아침부터 저녁까지 학교 말고는 갈 곳도 없었다. 성장기 내내 또래 속에 묻혀 지냈고, 직장생활도 마찬가지였다. 튀는 것이 곧 정 맞는 일이 되었고, 자신의 개성이나 욕구를 발산시키지 못한 채 한 사이클이 끝나버렸다.

이들에게는 무엇보다 자신이 주인공이 되어보는 경험이 절실하다. 그 기분을 위해 아낌없이 소비하고 공부한다. 시니어모델이나 유튜버, 인플루언서에 도전하는 시니어들은 흔해졌다. 더불어 취미나 여행 등에서 20대, 30대 못지않은 도전을 한다.

시니어들을 대상으로 한 강좌가 봇물 터지듯이 열리고 있다. 심지어는 학습지까지 붐이 일고 있다. 시니어들은 이렇게 대답한다.

"다들 나를 다르게 봐요. 이제까지 알던 내 모습이 아니라고 놀라워해요."

액티브 시니어들의 모험적인 도전은 세계적인 추세이다. 2024년 미스유니버스에는 60세 아르헨티나 여성이 'Best Face'에 꼽혔다. 기자이자 변호사로 일한 그녀는 처음 출전한 미인대회에서 가장 아름다운 얼굴로 뽑히는 영광을 안았다.

우리 일상생활에서도 이런 일은 종종 일어난다. 시니어 메이크업 프로그램을 수강한 70대 여성은 70년 만에 자기 얼굴에서 아름다움을 찾았다고 고백한다. 용접공이 직업인 60대 남성은 패셔니스타로 SNS에서 핫하다. 보디빌더 세계를 휩쓸고 다니는 80세의 몸짱 할머니도 있다.

이들이 새로운 도전을 하는 이유는 단 하나, 자기만족이다. 사람들의 경이로운 시선이 좋고, 그 시선에서 자존감이 충족되는 희열을 맛본다.

얼마나 자기 만족감을 채울 수 있느냐에 따라 시니어의 지갑은 무한정 열릴 것이다. 경제력과 활동력을 겸비한 액티브 시니어들은 자신들이 20대에 성취해 보지 못한 것에 기꺼이 투자하며 마지막 불꽃을 태울 것이다. 어학, 취미, 운동, 여행 등 그 어떤 것이 되어도 말이다.

___ 진정한 제론테크가 관건

멕시코에서는 노인요양시설에서 죽음을 맞이하는 것은 절대 있을 수 없는 일이다. 가족 중심의 사회이다 보니 아파도 가족이 돌보고, 집에서 죽음을 맞이한다. 어떻게 보면 가족이 족쇄이자 삶의 원천이다. 우리나라도 30~40년 전까지만 해도 그런 문화를 갖고 있었다. 하지만 이제는 아무도 자기가 살던 집에서 편하게 죽을 것이라고 예상하지 않는다. 2021년 기준으로 국내 사망자의 약 70%는 병원에서 임종을 맞았다.

유럽이나 미국에서는 최근 '집에서 죽을 권리'가 노인 복지의 핵심으로 떠올랐다. 요양병원이나 요양원 같은 시설에서 연명치료를 하다 생의 마지막 순간을 맞이하는 대신 익숙한 집에서 자연스럽게 숨을 거두길 원하는 노인들이 많고, 그들의 의사를 존중해야 한다는 목소리가 높다. 집에서 죽을 권리를 위해 가장 중요한 건 가족과 이웃 등과의 건강한 관계 속에서 사회적 역할을 하며 노년을 보내는 것이다. 이를 '집에서 늙을(Aging in Place) 권리'라고 부른다.

모두 자기 집을 떠나고 싶어 하지 않는다. 아이러니하게도 요양시설에 가는 것을 누구보다 두려워하는데, 우리나라 시니어 비즈니스의 축은 요양과 돌봄에 초점이 맞춰져 있다. 이마저도 다행스럽게 생각해야 할지도 모른다. 베이비붐 세대가 한꺼번에 은퇴하면서 고용과 연금 분야의 개혁이 요구되었듯이, 이들이 돌봄이 필요한 패시브 시니어가 되었을 때에는 요양과 돌봄에 대한 개혁이 필요할 것이다.

요양과 돌봄 비즈니스를 침범하지 않으면서도 집에서 노년기와 죽음을 맞이할 수 있도록 기술의 도움을 받을 수 있게 된 것은 무척 반가운 일이다. 제론테크의 핵심은 시니어나 노인들이 젊었을 때처럼 건강하고 안전하게, 독립적으로 일상생활을 영위할 수 있도록 돕는 데에 있다.

제론테크는 노년학(Gerontology)과 기술(Technology)의 합성어로 실버 세대를 위한 기술과 고령화에 대비한 기술을 총칭하는 용어이다. 인공지능, 햅틱(촉각을 느끼게 하는 기술), 보이스 인터랙션(말로 하는 기술) 등 여러 기술을 활용하여 시니어들이 일상에서 더욱 편안하게 활동할 수 있도록 지원하는 것을 일컫는다.

　우리나라 전자제품의 양대 산맥 엘지와 삼성이 나란히 이 제론테크를 적용한 로봇을 선보인다고 한다. 'AI컴패니언 로 봇'이라고 하는데 일반 가전과 달리 AI로봇은 혼자 돌아다니 면서 다른 가전제품을 작동시키고, 잘 작동되는지 모니터링 하고, 중요한 일정을 알려주고, 전화 통화를 연결하는 등 'AI 집사' 역할을 한다. 동글동글한 배구공만한 로봇이 나를 따 라다니며 내가 해야 할 일을 대신 처리해 주고, 나에게 말을 걸어 주고, 리모컨을 찾아 주고, 텔레비전을 켜 준다고 생각 해 보라.

　물론 노인을 겨냥해서 내놓는 제품은 아닐 것이다. 편리함 을 추구하는 현대인들 모두가 필요로 하는 기능을 실었을 것 이다. 하지만 이런 기능들을 수행하는 전자제품 혹은 로봇, 스마트 디바이스들이 점점 더 늘어난다면 요양원이 아닌 자 기 집에서 노년기를 보낼 환경이 조성될 수 있다. 매우 편리 하게 발달하고 있는 것만은 틀림없다.

　한국의 시니어들은 아시아 다른 국가와 달리 가족에 의지 하지 않는 독립적인 노년의 삶을 계획하고 있기 때문에 제론 테크 분야에 대한 전망이 밝다. 초창기 디지털 사회 진입기 에서 우리나라는 다른 나라가 따라잡기 어려운 IT 최강국이 었다. 제론테크 분야에서도 마찬가지 선도적인 역할을 할 수 있을 것으로 예상된다.

우리나라 베이비붐 세대들은 아날로그 시대에 출생해서 디지털 사회를 견인하고 은퇴했기 때문에 그 어느 세대, 그 어느 나라보다 스마트 응용력이 뛰어나다. 게다가 독립적이고 진취적이기까지 하다. 한국 시니어들에게 맞는 사회 인프라와 유통 환경을 조성해 나간다면 정체기의 한국 경제가 다시 활력을 찾을 수 있을 것이다. 한국 시니어들이 열광하는 제품은 전 세계 시니어들을 충분히 열광시킬 수 있다고 생각한다.

여기서 정부와 민간은 각자의 역할을 명확하게 인식해야 한다. 정부의 할 일은 비즈니스가 아닌 복지, 기업의 할 일은 복지가 아닌 비즈니스이다. 시니어 비즈니스에서 기회를 꿈꾼다면 복지가 아닌 시니어의 니즈에 부합하는 제품과 서비스를 개발하고 제공해야 한다.

시니어 비즈니스를 꿈꾸는 사람들과 만나서 이야기를 나눠보면 국가가 해야 할 일을 대신하겠다는 것인지 돈을 벌겠다는 것인지 분간 못하는 경우가 가끔 있다. 그동안 시니어 비즈니스는 '노인 등 치는' 일처럼 세뇌당한 탓이다. 필요한 일인 것은 알겠는데 이익이 남고 일자리가 창출되는 일인가에 대한 고민과 신중한 접근이 필요하다.

사회 구성원 절반이 곧 시니어 당사자이고 소비자이자 생산자가 되는 시대가 다가왔다. 지금까지 상황에서 볼 때 시니어 비즈니스에서 몇 가지 고려해야 할 사항이 보인다.

첫째, 민간과 정부의 역할을 혼동하면 안 된다.

비즈니스 당사자라면 시니어 산업 또한 수익을 창출할 수 있는 기회의 무대로 삼아야지 정부처럼 수혜나 복지 차원에서 비즈니스를 접근해서는 안 된다. 소비자인 시니어의 니즈에 부응해야 함에도 불구하고, 필요한 서비스니까 일단 개발한다는 마인드로 임하면 분명 수익화에는 걸림돌이 생긴다.

둘째, 접근 연령을 세분화해야 한다.

우리가 인지하는 생애주기는 영유아기, 청소년기, 성년기, 중장년기, 노년기 정도이다. 중장년기까지 오는 데에 60년, 노년기는 30년 정도 예상할 수 있다. 노년기 30년 동안 경제적으로나 체력적으로 약해진다. 활동이 가능한 시기, 의료가 필요한 시기 등을 세분화해서 사업 당사자가 어떤 비즈니스를 발굴할 것인지 고민해야 한다.

셋째, 자산 격차에 따라 제공하는 서비스가 달라져야 한다.

여행이라도 해외여행, 골프여행, 당일여행, 국내여행, 식도

락여행 등 경비에 큰 차이를 보인다. 은퇴 후 가장 하고 싶은 일로 여행을 꼽는 직장인이 절대 다수이다. 같은 여행 서비스를 제공할 수 있을까? 시니어라도 기본적으로는 고객이고 소비자이다. 소득 기준 우리나라의 노인 빈곤율은 OECD 최고 수준이고, 자산을 고려하여 평가하면 다소 완화되기는 하나 여전히 높은 수준이다. 연령이 높아질수록 노인 빈곤율이 더 높고, 저(低)소득 저(低)자산 비율도 뚜렷이 증가한다. 파고들 비즈니스의 틈새가 어디인지 알아야 할 것이다.

넷째, 플랫폼 비즈니스를 지향해야 한다.

초고령화 사회에서 비즈니스는 집약적으로 가기 때문에 더 치열해질 수밖에 없다. 출생율은 점점 떨어지고 모두 서울 같은 도시로만 모여들다 보니 기존의 도심을 집약적으로 재개발할 수밖에 없다. 병원, 학교, 문화시설, 상업시설 등은 흩어지면 흩어질수록 관리하기 힘들다. 국가가 효율적으로 모든 인프라를 관리하기 위해 팽창보다는 기존 도심 위주의 집약을 선택할 가능성이 커지고 있다. 이를 비즈니스에 적용하면 흔히 말하는 플랫폼화 되어야 한다는 뜻이다.

시니어 산업을 플랫폼화한다는 것은 한마디로 원스톱 서비스가 가능하도록 만든다는 뜻이다. 예를 들어 〈시니어TV〉 홈페이지(www.seniortv.co.kr)에 들어오면 문화에서부터 배움, 일자리까지 다양한 정보를 접할 수 있다. 지금까지 업무 협약(MOU)을 맺은 시니어 관련 단체나 회사는 수십 군데가 넘는다. 앞으로도 계속 MOU를 체결해 나가려고 한다. 이렇게 MOU를 맺은 회사들은 각자 비즈니스를 〈시니어TV〉를 통해 홍보하고, 〈시니어TV〉 시청자나 채널 구독자들은 〈시니어TV〉를 통해서 다양한 여러 서비스의 정보를 얻게 된다. 〈시니어TV〉는 공간을 열어 두고 소비자와 서비스 제공자가 만날 수 있게 주선하는 역할이다. 소비자가 〈시니어TV〉에 들어오면 필요로 하는 모든 것들이 해결되는 환경을 만들어 가고자 하는 것이 나의 최우선 목표이다.

시장에서 마트, 마트에서 온라인 몰로 쇼핑 플랫폼이 바뀌었듯, 이제 정보는 신문에서 포털로, 포털에서 〈시니어TV〉 같은 동질성을 담보한 미디어로 바뀌어 갈 것이다.

3

시니어 산업 현황

〈시니어TV〉는 전체 인구의 40% 가량 차지하는 시니어 세대에게 활력과 행복한 삶을 선사하는 시니어 전문 방송이다. 오늘날 시니어를 대상으로 한 매체는 갈수록 많아지고 있지만, 비즈니스 대상으로 다룰 뿐 진짜 시니어의 이야기를 조망하는 전문 방송은 드물다.

2023년 10월부터 〈시니어TV〉 사장으로 재직하면서 내가 가장 공을 들이고 있는 부분은 바로 시니어가 필요로 하고, 삶에 보탬이 되는 이야기를 담자는 것이다. 당장 시청률을 올리기 위해서는 트로트 프로그램을 사 와서 종일 틀면 된다. 시니어들이 팬덤을 형성한 덕분에 트로트 가수들도 많아지고 시장이 엄청 넓어졌다. 그런데 시니어의 행복한 삶에 트로트 하나만 필요한 것은 아니다. 활력적인 삶을 살기 위해서는 노래도 필요하고, 품격 있는 마무리를 위해서는 삶을 진지하게 성찰하는 인문학 프로그램도 필요하다. 시니어가 정말 하고 싶은 이야기, 듣고 싶은 이야기, 알고 싶은 정보를 담아 모두 〈시니어TV〉 안에서 행복했으면 좋겠다는 바람을 가지게 되었다.

이에 시니어와 연관이 있는 여러 기관이나 스타트업 회사, 비영리단체, 민간 기업 등과 접점을 넓혀 가는 중이다. 그 가운데 〈시니어TV〉와 서로 협력할 수 있는 업체는 열심히 업무협약(MOU)을 맺어서 '〈시니어TV〉 유니버스'를 만들어 나가고 있다.

결국에는 우리 모두 하나의 점들이다. 이 점들을 다른 점에게 연결하면 선이 되고 선들을 연결하면 공간이 생긴다. 시니어가 즐겁고 행복하기 위해서는 일자리, 체력, 인간관계, 오락, 지식 많은 부분들이 필요하다. 그런데 다 각자 점에 머물러 있다. 복지관은 공공기관이어서 하고 싶어도 못 하는 게 있고, 일자리를 제공하는 민간업체는 더 많은 일을 하고 싶어도 지원과 규제에 발목이 잡힐 때가 있다. 사용자인 시니어는 필요한 정보를 한군데에서 다 보면 좋은데 일일이 다 찾아야 한다. 각자의 역할과 사명이 다르다. 이 하나의 낱개

점들을 연결하는 역할을 〈시니어TV〉가 할 수 있어야 한다고 믿는다.

따라서 그간 〈시니어TV〉와 업무협약을 맺은, 시니어에 진심인 기관과 업체들을 잠시 소개하고자 한다.(순서는 가나다순)

시니어TV 업무협약 파트너			
종합복지	교육·문화	건강·운동	생활·쇼핑
• 고령사회고용진흥원 • 대한사회복지회 • 독거노인종합지원센터 • 서울노인복지센터 • 한국노인복지중앙회(사) • 한국노인장기요양기관협회 • 한국노인종합복지관협회 • 한국재가노인종합복지협회(사) • 한국재가장기요양기관협회	• 대한웰다잉협회 • 별사탕학교 • 웰다잉문화운동 • 종이나라와종이문화재단 • ESG플러스컨설팅 • MBC씨앤아이 • MBC아트 • MBC플러스 • MBC플레이비	• 대한치매구강건강협회 • 더 오페라 • 서울시파크골프협회 • 시니어패션모델협회(사) • 신원TMS • 제이액터스 • 캐어유	• THK컴퍼니 • 그레이스케일 • 내이루리(주) • 포페런츠(주) • 효돌

고령사회고용진흥원

고령사회고용진흥원은 우리 사회의 전문지식과 실무경력을 보유한 중장년에게 활동 기회를 제공하는 비영리 사단법인이다. 고용노동부의 위탁을 받아 '시니어 인턴십'을 비롯한 여러 사업을 전개하고 있다.

그레이스케일(주)

돌봄이 필요한 시니어와 가족이 재택 돌봄 시 필요한 여러 제품을 판매하는 플랫폼이다. 노인장기요양보험에서 지정한 복지용구를 비롯하여 편안하고 안전하게 재택 돌봄을 진행할 수 있도록 다양한 서비스, 정보, 상품을 전달하고 있다.

내이루리(주)

시니어 정기 예약 배송 서비스 '옹고잉'을 운영하는 소셜 벤처 회사이다. 정규직 배송원을 고정배차해서 배차율 100%를 보장하고, 타 지역구로 배송해도 추가운임을 받지 않는다. 정부의 시니어 고용지원금 월 40만 원을 활용해서 타사 대비 저렴한 가격으로 배송 서비스를 제공하면서 경쟁력을 높였다.

대한사회복지회

1954년 설립된 사회복지법인으로, 영유아·아동·장애아동·청소년·한부모가족·어르신 등 소외된 이웃을 보호하고 지원하고 있다. 강남시니어플라자, 강동구립해공노인복지관, 강동구립해공데이케어센터, 의정부노인종합복지관, 고양시니어클럽 등 5개 시니어 관련 시설을 운영하고 있다.

대한웰다잉협회

삶과 죽음을 양극적인 사고로 인식할 것이 아니라 연속적인 선상에서 이해하며, Well Dying(아름다운 마무리)을 통해 Well Living(아름다운 삶)을 살아갈 수 있도록 한다는 취지에서 설립되었다. 웰다잉 교육을 통해 생명의 존엄성을 깨닫고 삶의 질을 최대화하며 개인과 사회가 건강하고 풍성한 삶을 살도록 돕기 위해 다양한 교육과정을 운영하고 있다.

독거노인종합지원센터

노인맞춤돌봄서비스를 제공하는 전국의 수행기관을 대변하고 있다. 노인의 욕구에 따른 맞춤형 서비스로 안정적인 노후를 지원하며, 종사자의 직무역량 향상을 위해 다양한 지원사업을 수행한다.

더 오페라

더 오페라(The opera)는 댄스 스포츠. 모델 아카데미, 연기, 라틴 바 인플루언서 과정 등을 통해 시니어 문화예술 분야에서 액티브 시니어들의 제2의 인생을 응원하고 있다.

사회적협동조합 별사탕학교

신중년 대상 문화 여가 커뮤니티가 있는 취창업 플랫폼이다. 퇴직자들의 경험과 자원이 사회적 자원으로 활용될 수 있도록 돕는 일을 한다. 협동조합의 전문성을 기반으로 진로유형에 따른 생애재설계를 지원한다. 50+ 세대들이 새롭게 가능성을 펼칠 수 있도록 주민 네트워크 활동, 평생학습 콘텐츠 운영, 취약계층 일자리지원 등 다양한 사업을 전개하고 있다.

서울노인복지센터

서울특별시립 서울노인복지센터는 서울특별시에서 운영하는 공공기관이다. 서울노인복지센터는 센터 공간 안에 '공감'하고 발전할 수 있는 여러 문화 프로그램을 운영한다. 탑골미술관은 지역 주민 모두에게 열려 있는 공간이다. 작품 전시, 모임, 교육 등 필요한 사람은 누구나 대관을 신청할 수 있다. 2008년부터 서울국제노인영화제를 해마다 개최하고 있으며, 축제처럼 한 번 열리는 데에 그치지 않고 역대 상영작을 볼 수 있게 찾아가는 서울국제노인영화제를 진행하고 있다.

서울시파크골프협회

공원에서 치는 파크골프는 길이 86센티미터 무게 600그램 이하의 나무 골프채 하나로 치며, 공은 일반 골프공보다 부드러운 플라스틱 공을 사용한다. 티에서 홀까지 거리가 100미터 이하로 걷는 거리를 줄였으나 운동효과는 탁월해, 골프를 치던 시니어들에게 약식 골프로 각광받고 있다. 서울시파크골프협회는 2010년에 창립되어 현재 1만여 명에 이르는 지역 단일 규모 최대 회원이 가입되어 있다.

시니어패션모델협회(사)

시니어패션모델협회(사)는 국내 유일 사단법인 시니어모델 비영리 단체로써, 시니어모델들의 교육, 경력, 자기계발 등과 관련된 컨설팅을 하고 있다.

신원TMS토탈밀솔루션

맞춤형 식사솔루션을 제공하는 플랫폼이다. 만성질환 예방 및 관리, 면역 증진을 위해 식생활 전반에 다양한 서비스를 제공하고 있다. 궁극적으로는 노년기의 몸의 안과 밖을 오래도록 건강하게 유지 관리하여 삶의 질을 높이는 데에 목표를 두는 회사이다.

웰다잉문화운동

풀무원의 창업자이자 5선 국회의원을 지낸 원혜영 공동대표가 이끄는 '죽음'을 다루는 사회문화운동 단체이다. 사전연명치료중단 의향서 쓰기 운동을 펼치고 있다. 죽음은 단순히 생명의 소멸이 아니라 우리 자신의 삶을 아름답게 마무리하는 과정이라는 인식을 확산시키는 데 앞장서고 있으며, 그 과정을 잘 마무리할 수 있게 개인적으로 일기나 사진 등 기록을 정리하여 서로 공유할 수 있도록 돕고 있다.

이에스지플러스컨설팅(ESG PLUS CONSULTING)

이에스지플러스컨설팅은 ESG를 기초로 한 기후변화와 관련된 환경부문(Environment)에서 기업들이 처한 위험 요인을 분석해 차별화된 자문과 교육, 컨설팅 서비스를 제공하는 회사이다. 특히 시니어의 수요나 필요를 예측해서 탄생한 스타트업 비즈니스의 경우 급성장에 따른 경영적 과부하가 일어남에 따라 이를 법률적으로나 도덕적으로 해결하는 능력은 부족할 수도 있다. ESG 플러스 컨설팅은 이러한 문제를 종합적으로 분석하고 조언하고 있다.

제이액터스

제이액터스는 국내 최고의 시니어 전문 엔터테인먼트 회사이다. 시니어들이 바른 자세, 바른 걸음걸이를 교육받고, 각종 패션쇼, CF, 광고, 매거진, 방송, 드라마, 영화 등 다양한 분야에서 활동할 수 있도록 지원하는 에이전시이다.

종이나라와 종이문화재단

종이나라는 우리나라 최초의 색종이 제조 자동화 기업이다. 1972년에 설립되어 한국의 우수한 색종이 제조뿐만 아니라 종이접기 문화유산을 보존하고 발전시켜 온 민족기업이다. 취미 및 여가활동으로만 여겨지던 종이접기에 교육적 치료적 효과 등을 접목해서 교육문화계에 기여하고 있다.

캐어유

캐어유는 치매예방 목적의 사회적 기업이다. 스마트케어를 위해 다양한 서비스와 제품을 만들며 스마트 에이징 교육에 앞장서고 있다. 향후 노인관련 기관에 키오스크를 공급확대할 계획을 갖고 있다. 일자리 창출과 지역경제 활성화 등 사회적 경제 관련 교육 사업을 병행한다.

포페런츠㈜

국가가 해결해 줄 수 없는 다양한 사적인 영역에서 돌봄 서비스를 제공하는 회사이다. 돌봄은 필요하지만 함께하지 못하는 가족을 대신해 여행이나 외출을 도와주는 일을 한다.

한국노인복지중앙회(사)

사단법인 한국노인복지중앙회에는 사회복지법인이 운영하는 830여 개 노인복지시설이 회원으로 가입되어 있다. 중앙회에서는 각 시설이 합리적으로 운영되도록 제반사항을 지원하는 한편, 시설 운영과 관련한 교육사업, 노인 복지를 위한 연구 사업 등을 진행하고 있다.

한국노인장기요양기관협회

고령화 사회에 맞추어 노인복지사업의 활성화는 물론, 회원기관들의 권익을 대변하기 위해 설립한 법인이다. 노인요양기관을 운영하고 있는 전국의 기관장들이 회원이다. 기관의 균형발전과 기관에서 생활하는 어르신들의 삶의 질 향상을 위해 각종 프로그램의 개발·보급, 정책 건의, 교육 훈련 사업, 자원봉사자와 종사자 교육지원, 기관장과 종사자에 대한 복지증진사업, 대외적인 학술교육 협력사업 등을 목적으로 운영되고 있다.

한국노인종합복지관협회

노인복지법에 의하여 설치된 전국노인복지관의 협의기구이다. 전국적으로 16개 지회, 347개의 회원 기관에서 약 1만4천 명의 종사자들이 3백만 명의 시니어들에게 교양, 취미생활 및 사회참여활동 등에 대한 각종 정보와 서비스를 제공하는 것은 물론, 건강증진 및 질병예방과 재가복지 등 필요한 종합적인 노인복지 서비스를 제공하고 있다.

한국재가노인종합복지협회(사)

재가노인이란 시설에 입소하지 않고 지역사회 내 가정에서 생활하는 모든 노인을 일컫는다. 한국재가노인복지협회는 지역사회에서 소외되고 도움이 필요한 노인들을 위한 재가노인복지사업과 노인장기요양사업을 운영하기 위한 정책을 제안하고, 시범 프로그램을 개발하거나 종사자를 교육하는 기관이다. 2023년 현재 전국 16개 지회, 730여 개소 회원기관에서 종사자 2만3천 명이 재가노인 17만여 명을 위한 맞춤형 복지 서비스를 하고 있다.

한국재가장기요양기관협회

2011년 10월 31일 보건복지부로부터 사단법인 설립 허가를 받았으며, 노인장기요양보험제도 발전에 앞장서는 국내 최대의 민간장기요양기관 단체이다. 올바른 장기요양기관 운영과 서비스의 질 개선에 앞장서, 수준 높은 장기요양 서비스를 하고있다.

효돌

효돌이는 자그마한 인형이다. 정서·생활·인지 건강을 도와주는 AI형 돌봄 로봇을 인형 형태로 만들었다. 효돌이는 독거노인의 대화상대가 되고, 간단한 명령을 수행하는 상호관계를 형성해 우울증 예방 효과까지 있다고 입증되었다. 우울감·외로움·고립감을 해소하고 일상생활을 지원해 어르신들의 삶의 질을 높일 수 있을 것으로 예상된다.

THK company

시니어가 필요로 하는 용품과 복지를 한 곳에 담은 플랫폼이다. 시니어 세대의 '고마움에 대해 생각한다(Think of Thanks)'는 마음을 담아 사명을 THK company로 정했다.

어르신에게 유용한 복지용구 유통을 시작으로 복지용구 사업소와 공급처가 편리하게 이용할 수 있는 B2B플랫폼 '이로움', 장기요양보험제도 혜택을 안내하고 관련 복지 정보와 유용한 제품을 제공하는 B2C플랫폼 '이로움ON', 요양 돌봄이 필요한 어르신, 보호자 그리고 요양기관과 요양보호사의 관계를 이어주는 '시니어 톡톡'을 서비스하고 있다.

MBC ART

방송 및 공연예술과 관계되는 무대장치 및 미술용품의 제작·

시니어 파워 시대

개발과 디스플레이, 건축 조경업 등 전반적인 미술 부문의 사업을 하고 있는 MBC 자회사이다.

MBC C&I

국내 최고 수준의 방송하드웨어 기술을 보유하고, 콘텐츠 제작 판매와 방송 인프라 구축을 전문으로 하는 미디어 서비스 기업이다.

MBC PLUS

MBC 다채널 사업의 중심축으로서 버라이어티 채널 MBC every1, 스포츠 채널 MBC SPORTS+, 드라마 전문채널 MBC 드라마넷, MBC M, 드라마 버라이어티 세대공감채널 MBC ON 등 총 5개 채널을 운영하는 뉴미디어 전문 기업이다.

MBC 플레이비 키자니아

MBC 플레이비는 '즐겁게 일하면서 무언가를 이룬다, 도전해 본다' 는 뜻으로 미래의 주역인 어린이들의 꿈과 상상력을 현실화시키는 어린이 직업체험 테마파크인 키자니아(KIDZANIA) 운영을 비롯, 창의적인 교육 문화 콘텐츠를 개발, 공급하는 글로벌 에듀테인먼트 기업이다.

미래형 시니어
소사이어티

Part 03

The Age of Senior

향후 10년은 헬스 케어, 금융, 모빌리티, 의식주 생활 전반에 걸친 디지털 혁신이
개인 간 고립이 아닌 시너지 효과를 낼 수 있는 마지막 기회가 될 것이다. 나이 때문에
도태되지 않겠다는 의지를 가진 1천6백만 시니어들이 사회적 역할과 유대감을 지속하며
더 건강한 지낼 수 있는 환경이 조성될 때 개인에게는 비즈니스 기회가 생기고,
국가적으로는 글로벌 지위가 안정될 수 있다.

1

의식주 일상생활

_____ 영 포티, 영 피프티, 영 시니어

영 포티, 영 피프티는 자기 나이보다 젊게 보이기를 원하는 중장년을 의미한다. X세대 붐을 일으킨 1970년대 초반생들이 40대가 되자 20대처럼 보이는 영 포티 스타일이 유행했고, 50대가 되자 영 피프티 스타일을 구가했다. 마케팅 종사자들은 이전 세대와 다른 소비 방식을 가진 이들을 영 시니어라고 명명해서 구별하고 연구한다. 별도의 소비집단으로 연구할 만큼 산업에 미치는 영향력이 크다는 뜻이다.

영 포티라는 단어를 만든 트렌드 분석가 김용섭은 "이들은 우리 역사상 처음 등장한 첫 번째 개인주의자들로서, 기성세대의 관성으로부터 자유로운 세대"라고 규정한다. 자신이 속한 그룹, 예를 들면 직장이나 가족 등의 커뮤니티보다는 자기 자신이 더 중요하고, 그만큼 나이 들어서도 자신의 꿈을 펼치고자 하는 욕망이 크다고 분석했다.

이들은 젊은 감각을 유지하며 젊게 살고자 하기 때문에 무엇보다 자신의 개성을 표현하는 것에 공을 많이 들인다. 1990년대 초반 자유와 개성을 중시하며 유행을 선도한 X세대가 영 포티와 영 피프티를 거쳐 이제 영 시니어 대열로 들어오려 한다. 10년 안에 이들은 시니어를 넘어 한국사회 전체 주류를 형성할 것이다. 그 어느 세대보다 인구가 많기 때문이다.

한 모바일 패션 플랫폼은 백화점과 아웃렛에서 파는 브랜드 의류를 모바일에서 더 싸게 판매한다는 취지로 창업했다. 흔한 발상 같지만 이 플랫폼은 4050여성을 정면에 내세워 기존 의류 시장의 판도를 바꾼다. 무신사, 지그재그, 에이블리처럼 20대, 30대를 주요 고객으로 하는 온라인 패션몰과 다른 소비자층을 발굴해 낸 것이다. '퀸잇'은 국내 인구 비중에서 4050여성의 인구수가 압도적으로 많고, 이들의 경제력과 구매력이 20대보다 상대적으로 크지만 마땅한 쇼핑 앱이 없다는 점에 주목했다.

퀸잇은 맨 먼저 4050여성의 니즈에 맞게 젊고 세련되지만 고급스럽고 백화점보다는 저렴하게 옷을 판다는 취지에 맞게 앱을 구성했다. 카카오톡 아이디나 네이버 아이디로 간편하게 가입하게 한다. 귀찮은 가입 절차 때문에 앱을 지워버리지 않도록 붙잡는 장치이다. 또한 4050여성의 체형에 최적화된 사이즈의 옷을 보여주고, 비슷한 사이즈의 다양한 브랜드 옷을 골라 준다. 20대 때 몸무게를 유지해도 40대, 50대가 되면 체형은 변형되기 마련이라서 20대들이 선호하는 브랜드를 입기에는 아무래도 불편하기 마련이다.

4050여성을 겨냥한 퀸잇은 2020년에 창업해서, 2023년에 흑자전환에 성공하고 2024년 기준 850억 원 이상의 투자금을 유치했다. 눈여겨볼 점은 50대 여성의 구매 비중이 절반 이상을 차지하고 60대 이상 여성의 구매 비중이 40대 여성보다 높다는 것이다. 4050을 타깃으로 하지만 결국은 5060이 주 구매층이다. 영 포티, 영 피프티를 거쳐 영 시니어에 진입한 여성들의 환대를 받고 사세를 확장해 나갔음을 짐작할 수 있는 대목이다. 패션은 20대 중심이라는 통념을 깨고 시니어층을 타깃으로 해도 성공할 수 있다는 것을 보여준 대표적 사례이다.

패션심리학에서는 몸으로 느끼며 자신을 인식하는 방식에는 심리적 연령이 존재하는데, 실제 연령보다는 심리적 연령

시니어 파워 시대

에 맞춰 옷을 입을 가능성이 높다고 한다. 그가 입는 옷이 그의 생각을 드러내는 직관적이고 1차적인 무기라는 것이다.

쿠팡과 마켓컬리의 성장 신화에는 영 시니어의 구매력이 한몫하고 있다. '짐 들고 걷느니 쿠팡한다'는 말이 나올 정도이다. 이제는 생물학적인 나이만으로는 시니어를 규정하는 것은 더 이상 의미가 없다. 에이지리스(ageless), 즉 나이를 잊어야 비즈니스에서 성공할 수 있고, 개인 또한 남은 생애를 잘 지낼 수 있다.

X세대에서 영 시니어가 된 이들뿐만 아니라 60대, 70대 시니어도 자신을 노인이라고 여기지 않는다. 노인 마케팅이 아니라 동등한 소비자로 인식하되, 콘셉트, 키워드, 소통 방식에 대한 전략적 접근이 필요하다.

* 슈퍼 에이지(super age): 65세 이상 고령 인구가 청년의 수를 넘어서는 시대, 즉 초고령화 시대를 뜻하는 말로 인구통계학자 브래들리 셔먼이 제시한 개념

* 엘더노믹스(eldernomics): 노인(elder)과 경제학(economics)을 합친 말로 취업과 창업, 소비와 생산 등 다양한 경제생활 속 주체가 주로 노년층이 되는 현상을 일컫는 신조어

강정아 수퍼플레이 대표는 "슈퍼 에이지 세대를 이끄는 슈퍼 플레이어들이 등장하고 있다"면서 "기존의 노인과 장년 세대 이미지를 현재 시니어 대상 마케팅에 투영하지 말아

야 한다."고 강조한다. 슈퍼 에이지 마케팅은 슈퍼 에이지 세대의 리더그룹인 슈퍼 플레이어에 초점을 맞추고 이들을 적극 활용해야 한다는 것이다.[13] 현재 시니어는 에이지리스를 넘어서 소비와 트렌드를 주도하는 슈퍼 플레이어라는 주장이다.

시니어 브랜드는 따로 존재하지 않는다. 적어도 X세대였던 2차 베이비붐 세대가 시니어층 진입을 앞두고 있는 현재 '나이'가 비즈니스의 기준이 되지는 않는다.

____ 간편식 주 구매층은 시니어

2000년대 한국 소형 가전제품 시장을 이끈 것은 전기 조리도구일 것이다. 전기압력밥솥은 물론 가정에서 쓰기 편리한 전기 팬, 코로나 히트상품인 와플 팬 등을 거쳐 에어프라이어까지 무척 다양하다.

에어프라이어가 처음 나올 때 전자레인지 같은 식탁 위의 필수 아이템이 될 것이라고 예상한 사람은 거의 없었다. 반짝 유행하고 사라질 조리 도구가 될 줄 알았는데 1인 가구의 증가와 더불어 간편식 시장이 성장하면서 에어프라이어는 필수 가전이 되었다.

부부 중 한 명이 직장을 다니고 한 명이 집안일을 전담하던 과거와는 달리 최근에는 대부분 맞벌이를 하고 있고, 이 맞벌이 가정이 시니어층으로 편입되기 시작했다. 전통적인 하우스키퍼 역할이 없다 보니 가사분담을 더 용이하게 하는 기술이 각광받고 있다. 전기압력밥솥의 대명사 쿠쿠가 정수기나 비데를 렌탈해 주는 종합가전회사로 탈바꿈을 시도한 것 또한 이와 무관하지 않다. 이젠 밥을 집에서 세 끼 꼬박 지어먹는 가정이 드물어졌기 때문에 밥솥만으로는 더 성장할 수 없다는 판단을 내렸을 것이다.

1인 가구를 포함한 초소형 가구가 많아짐에 따라 많은 재료를 사서 직접 만들어 먹기 보다는 간편하게 즐기는 식사가 대세를 이룬다. 예전에는 생일이나 졸업 같은 특별한 이벤트가 있는 날에 외식을 했지만 이젠 집에서 밥을 먹는 것이 더 큰 이벤트가 되었다. 집에서 밥을 먹는다 해도 즉석밥을 데우고 반찬을 사 와서 차리는 경우가 더 흔해졌다. 기술의 발전으로 품질은 상향평준화되었고, 맛 또한 집에서 직접 해먹는 것과 큰 차이가 없어지자 간편식 시장은 급성장하기 시작했다.

고령화 1세대라고 할 수 있는 현재 80, 90대의 가장 큰 과제는 '부양'이었다. 전통사회에서 현대사회로 변모하는 과정에서 자식과 같이 사는 경우가 거의 사라지다시피 했다. 현재 노인 복지의 가장 큰 틀이 '요양'이 된 것은 이 때문이다. 하지만 이후 60대, 70대의 가장 큰 문제는 주거 안정보다는 식생활 안정이다. 이에 따라 시니어 비즈니스의 중심축은 가족 형태의 변화가 낳은 식생활 변화로 범위를 넓히는 중이다. 이는 복지에서도 변화가 필요함을 뜻한다.

행정안전부 주민등록 통계에 따르면 2024년 3월 처음 1인 가구는 1천만 세대를 넘겼다. 1인 세대가 전체 세대인 2,402만1,667세대의 41.8%를 차지한다. 1인 세대의 주축은 60대 이상 독거노인이다. 70대 이상이 세대주인 1인 세대가 199만1,879세대(19.8%)로 가장 많고, 60대가 185만9,565세대(18.5%)로 뒤를 이었다.

간편식 시장이 점점 커지는 것은 혼자 식사해야 하는 상황이 그만큼 많아져서이다. 그리고 가장 많은 숫자를 차지하는 것은 젊은 20대, 30대 직장인이 아니라 혼자 남겨진 시니어들이다.

이들의 식생활과 관련해서 예상치 못한 곳에서 문제가 발생하기도 한다. 바로 급식 종사자를 구하기 어려워서 경로당 등의 단체 급식에 차질이 발생하는 것이다. 노인공공일자리사업의 일환으로 경로당 급식 도우미가 받는 급여는 한 달에 10회, 3시간 근무에 30여만 원이다. 다른 쉬운 노인공공일자리사업도 많다. 화단에 버려진 쓰레기를 줍거나, 초등학생 등하교 교통지도를 해도 똑같이 한 달 10회 3시간 근무에 30여만 원을 받는다. 이에 비해 여러 명의 식사를 준비하는 일은 나머지 노인공공일자리사업에 비하면 매우 고된 육체노동에 속한다.

이런 실정에서 언제까지 같은 처지에 있는 할머니들의 공공근로 사업 참여로 노인 급식을 이어나갈 수 있을지 미지수이다. 단체 급식을 하는 학교나 복지관에서도 급식 조리사를 구하지 못해 만성 구인난에 시달리고 있는 실정이다. 경로당에서 먹는 따뜻한 한 끼에 독거노인들의 영양이 달려 있다고 생각하면 심각해도 보통 심각한 문제가 아니다.

이제 식생활에 대해서도 공공의 영역에서 생각해야 할 시점이 되었다. 기존 공공근로 사업을 다양하게 만들어서 식생활을 안정시킴과 동시에 일자리를 창출하는 방안이 필요하다. 학교 급식의 도입으로 영양사, 급식 조리사 등의 학교 일자리가 생겼고, 식자재 대량 소비로 농가 소득에 기여했듯이 노인 급식의 안정이 우리 사회에 가져올 긍정적인 부분은 꽤 크다.

학령인구가 급격하게 줄어들고 시니어층은 급격하게 늘어나고 있는 만큼 사회 인프라의 중심축이 이동하는 것은 예정된 수순이다. 여기에 투입되는 국가적 사회적 개인적 경제비용과 효과에 대해 논의하고 사회적 합의를 도출해야 한다.

지금의 30대, 40대만 하더라도 급식세대이다. 도시락을 싸서 학교를 다니지 않았기 때문에 매식이나 간편식이 무척 자연스럽다. 이들도 20~30년 후에는 시니어가 될 것이고, 그때에 가서는 국민 식생활은 더 큰 사회적 과제로 대두될 것이다. 정부 차원에서 대비해야겠지만 민간에서도 식생활 패턴의 변화는 비즈니스 차원에서 숙고해 볼만한 부분이다.

_____ 주거 형태의 변화, 레지던스와 공동체

시니어들은 어떤 집에서 살기를 원할까. 돌봄 서비스를 포함한 주거 형태의 시니어 레지던스가 연일 화제에 오르내린다. 시니어 레지던스는 각종 편의시설을 한 곳에 모아놓은 복합 주거시설을 의미한다. '엘세권'이라고 부르면 될까? 엘리베이터만 타면 병원, 쇼핑몰, 영화관까지 주거공간 안에서 다 누릴 수 있게 해놓은 곳이다.

불을 붙인 것은 롯데호텔로, 2022년 시니어 레지던스 브랜드인 'VL(Vitality&Liberty)'을 만들었다. 견본주택까지 운영하며 입주자를 모집할 당시 '5성급 호텔 서비스, 24시간 응대 안내인 배치, 병원과 연계된 건강센터, 집안 청소 유지 관리, 기사 동행 렌터카 서비스' 등을 제공한다고 홍보했다. 부산과 서울에 오픈할 예정이라고 한다.

신세계프라퍼티는 요양시설을 넘어 고품격 시니어 레지던스 사업을 전개한다는 구상을 짜고 있다. 특히 그룹사의 핵심 역량인 백화점, 마트, 스타필드, 편의점 등을 주거 시설에 결합하는 형태의 복합단지를 계획하고 있다.

호텔을 보유한 대기업들 중심으로 시니어 레지던스 사업이 한창 탄력을 받고 있다. 호텔 운영으로 터득한 서비스 노하우를 경제력 있는 시니어에게 제공함으로써 시니어 비즈니스를 선도하겠다는 것이다. 성공한다면 기존의 실버타운으로 서비스를 확장할 수도 있을 것이다.

2024년 8월 국토교통부에서는 시니어 레지던스 사업에 각종 규제를 완화하는 방안을 내놓았다. 예전에 실버타운이나 시니어 레지던스 사업을 하기 위해서는 자기 땅과 건물이 있어야 했는데 이제는 땅을 빌리고 건물을 임대하는 경우에도 할 수 있도록 규제를 푼다고 한다. 이에 사회 각계의 우려의 목소리와 기대의 목소리가 함께 들린다. 고급 레지던스를 더 쉽게 추진할 수 있게 하면 결국은 노인복지주택 사업에 영향을 미치기 때문에 숙고해야 한다는 의견과 민간기업에서도 노인주택 사업이 미래 비즈니스가 될 것이라는 의견이 팽팽히 맞서는 상태이다.

고급 시니어 레지던스는 꿈같은 은퇴생활이다. 편안한 옷

차림으로 엘리베이터를 타고 내려가서 필요한 물건을 사고, 건강을 챙기고, 취미생활을 하고 집으로 돌아오면 청소가 말끔하게 되어 있고, 밥이 차려져 있다고 상상해 보라. 내 집에서 누리는 호텔생활이라니 경제력 풍부한 시니어들에게는 더 할 나위 없이 좋은 선택일 것이다.

문제는 경제적 여유가 있는 사람이 아니라 OECD 국가 중 노인 빈곤율 1위를 차지한 대한민국 대부분 시니어들이다. 앞서 언급했듯 전쟁 이후 세대가 시니어층에 진입하면서부터 노후생활 양극화 현상이 더욱 커지고 있다. 어디에서 어떻게 살다가 생을 마감할 것인가는 시니어에게는 무엇보다 큰 과제이다.

부동산 플랫폼 '직방'이 이용자 1,323명을 대상으로 조사한 결과, 은퇴 후 희망하는 주거공간 형태는 '단독, 다가구, 전원주택, 타운하우스'가 38%로 가장 높았다. 다음으로 '아파트'(35.4%), '한옥 등 전통가옥'(10.8%) 등이 뒤를 이었다. 응답자 중 60대 이상은 10명 중 약 5명이 '아파트(44.8)'를 선택했다. 연령대가 높을수록 이동에 편리한 시설이 있고, 관리 부담이 적은 주거형태를 선호한다는 것을 알 수 있다. 주거에 있어서도 편리함이 가장 큰 선택 요건이 된다. 베이비붐 세대 상당수가 도시생활자이며 아파트 거주자라는 측면에서 AIP(Aging in Place), 자기 집에서 생애를 마감하고 싶어 하는 욕구는 더욱 거세질 것이다.

이와 관련해 선진국에서는 이미 코하우징이 자리를 잡고 있다. 1970년대 덴마크에서 시작된 코하우징은 일본과 영국, 독일, 북유럽에서는 주거 형태 중 하나로 자리 잡았다. 코하우징은 여러 세대가 공동 시설을 마련해 개인이 생활하는 공간과 공용 공간을 조합해 함께 생활하는 방식을 가리킨다. 개인공간을 소유할 수 있어서 프라이버시가 존중되는 동시에 공동시설에서 정보나 공간, 물건들을 함께 나눔으로써 경제적이고 환경적이면서도 실용적인 이득도 얻을 수 있다. 신체기능이 약해지고 사회적 유대가 더욱 필요한 시니어들의 AIP(Aging in Place), AIC(Aging in Community)를 실현하는 데 유용한 주거 방식으로 각광받고 있다.

고급 시니어 레지던스와 공동체적 성격의 코하우징의 공통점은 시니어가 스스로 생활할 수 있는 주거시설이라는 점이다. 하지만 우리나라 시니어들의 주거 현실은 '요양원' 중심으로 돌아간다. 아주대학교 권순정 교수가 미래주거 포럼에서 발표한 자료에 따르면 2016년부터 2020년까지 시니어를 위한 양로시설·요양병원 등 의료복지시설은 562개 늘어날 동안, 노인복지주택 공급량은 4개만 늘었을 정도로 미비하다.[14]

노인복지에서 요양시설의 증가는 필연적이다. 하지만 건

강하게 활동하는 베이비붐 세대 액티브 시니어들의 주거 복지는 요양시설 증설에 그쳐서는 안 된다. 그들이 패시브 시니어가 될 때를 감안하더라도 대안이 될 수 없다. 감당할 수 없을 정도로 많은 인구가 유입되기 때문이다. 1천6백만 명의 시니어가 30년 후 패시브 시니어로 생존한다면 현재 요양시설에 이들을 다 수용할 수도 없는 노릇이다.

대표적인 국내 NGO 단체인 굿네이버스는 2020년 미래재단을 창설해서 시니어를 위한 사업을 전개하기 시작했다. '시니어 주거 공동체 조성 사업'으로 인생 후반기의 삶을 보다 건강하고 품격 있게 보낼 수 있도록 교류와 나눔이 있는 시니어 주거공동체를 만든다고 한다. 기존의 실버타운처럼 대형이 아닌 소규모 시니어 타운을 만들어 지역사회와의 교류를 활성화하겠다는 것이다.

시니어가 스스로 생활할 수 있게 돕는 방식을 개발하지 않으면 시니어도, 부양 부담을 짊어진 미래세대에게도 모두 고통이다. 굿네이버스 미래재단에서는 대안으로 '지역 연계 기능'을 강화해야 한다고 주장한다. 미래형 시니어 주거공동체는 독립 주거공간을 마련하고, '노인 간 교류'가 아닌 '가까운 지역 간 교류'로 지역공동체를 형성하는 쪽으로 방향을 세워야 한다는 것이다.

민간에서 사업하는 시니어타운의 경우 개소 당시만 생각

해서도 안 된다. 1기 신도시 건립 30년이 지난 현재 노후화로 인해 재건축 논의가 한창 진행되고 있다. 시니어타운을 지금 기준으로 설립하면 30년 후에는 어떤 모습이 될까. 입주할 때는 60~70세였지만 90~100세가 될 때까지 거주한다면, 식사나 여가문화, 의료 등 여러 서비스의 변화가 꾸준히 일어날 것이다.

이런 측면에서 시니어 주거는 고립된 형태가 아닌 지역 내에서 교류와 역할이 있는 형태여야 할 것이다. 예를 들면 미국의 '대학연계은퇴자마을 UBRC(University based retirement community)' 형태를 모델로 생각해 볼 수 있다.

유브릭(UBRC)은 대학캠퍼스 안에 노인전용주거시설을 건설하고 평생교육 프로그램 등을 운영하는 주거 형태이다. 유브릭이 있는 것만으로 대학은 수익을 창출하고 있다. 유브릭 거주자가 사용하는 편의점이나 약국 등의 필수 시설을 임대하고 임대료를 받는다. 주거공간 청소나 카페테리아 운영 등에 많은 인력이 필요하니, 재학생에게 아르바이트로 일자리를 제공하면 서로에게 좋은 일이다. 거주자는 시니어들끼리 모여 살면서도 대학생들과 같이 생활하니 활력이 생기고, 학생들은 이를 통해 일자리를 얻을 수 있으니 생활에 도움이 될 수 있다. 은퇴한 시니어들 가운데에 다양한 직군의 전문가들이 있어서 시니어와 대학생이 멘토와 멘티로 교류하는 프로그램을 운영하기도 한다.

국내에서도 유브릭에 관심을 갖고 연구하는 대학들이 속속 등장하고 있다. 유브릭을 모델 삼아 대학에서 지자체로 확장할 수도 있다. 지자체 한달살이 같은 것을 관광상품으로 추진하는 데에서 더 발전시켜 시니어 주거 5년 프로그램 같은 것도 가능하지 않을까 생각해 본다.

핀란드에는 '로푸키리'라는 노인 전용 아파트가 있다. 민간업자가 지어서 분양한 것도 아니고 국가에서 지어 준 것도 아니다. 2000년에 은퇴한 4명의 할머니가 요양시설에 가지 말고 우리끼리 모여 살자며 아파트를 지은 것이다. 할머니들은 노인들이 모여 살기 위해 아파트를 지으려고 하니 땅을 싸게 임대해 달라고 헬싱키시에 요청했고, 헬싱키시는 선뜻 땅을 내어주었다. 할머니들은 뜻을 함께하는 이들을 모아 조합을 만들고 전문가를 찾아가 아파트의 설계를 맡기고, 회의를 통해 자신들이 살아갈 공동의 규칙을 정했다.

6년 뒤 완성된 7층짜리 건물에는 핀란드어로 '마지막 전력질주'를 뜻하는 '로푸키리'라는 이름을 붙였다. 1층과 7층에는 식당, 도서관, 사우나, 세탁실 등 공용공간이 있고, 2층부터 6층까지 모두 58가구가 입주했다. 70대부터 90대까지의 입주자들은 로푸키리에서 엄연한 '내 집'을 갖고 합창단부터

시니어 파워 시대

요가클럽, 문학클럽, 연극클럽 등을 진행하며 다양한 활동을 즐긴다.

　로푸키리에 사는 노인들은 이런 클럽활동을 통해 책을 출간하거나 연주회, 연극 공연 등도 진행하며 사회와 단절되지 않고 활발히 활동하고 있다. 식사와 빨래를 비롯한 가사활동도 직접 해결한다. 로푸키리가 인기를 끌면서 헬싱키 인근 칼라사타마 지역에도 로푸키리를 모델로 한 두 번째 노인 전용 아파트가 문을 열었고 세 번째 프로젝트도 추진되고 있다. 핀란드뿐 아니라 세계 각국에서 로푸키리를 직접 찾아 벤치마킹하는 사례가 늘고 있다고 한다.[15]

　우리나라뿐만 아니라 세계 각국에서 시니어 주거 형태를 고민하고 비즈니스로 발전시키려는 노력이 다양하게 나타나고 있다.

＿＿＿ 필요한 것은 원스톱 서비스

앞서 의식주 세 가지 측면에서 시니어 산업에서 무엇이 요구되는지 잠시 살펴보았다. 공통점은 시니어가 원하는 것은 그것이 어떤 것이어도 무엇보다 편해야 한다는 것이다. 편하다는 것은 쉽고 빠르게 욕구가 해소되어야 한다는 의미이다.

각 복지관이나 지자체에서 시니어를 대상으로 스마트 교육을 유행처럼 하고 있지만 놓치는 것이 있다. 디지털 환경이 시니어 친화적이지 않기 때문에 배워도 다시 원점으로 돌아간다는 사실이다. 이는 교육 자체의 문제가 아니고, 배우는 사람이 문제인 것은 더더욱 아니다. 간단한 예로 키오스크가 있다. 복지관에서 키오스크 사용법을 가르치고, 이에 참여해서 배운 할아버지 할머니는 사용할 수 있다고 생각해서 용감하게 도전하지만, 꼭 마지막 화면에서 결제하기를 못 누르고 당황하는 경우가 많다. 기업은 하나라도 더 팔기 위해서 마지막 결제 전에 몇 가지를 더 유도하지 바로 결제하게 놔두지 않는다. 시니어 구매자가 다 끝나고 결제만 하면 된다고 생각하는 대목에서 키오스크는 다른 화면을 제공한다.

점차 늘어나는 5060세대를 잡기 위해 기존의 키오스크 마케팅 방식을 바꿀 필요가 있다. 몇 가지를 더 팔기 위해서 화면에서 자꾸 유도하는 게 아니라 필요한 것을 빨리 구매하고 좋은 경험을 한 뒤 다시 매장을 찾아오게 만드는 작전이 매출을 더 많이 올리는 방법일지도 모른다.

요지는 복잡하지 않고 직관적인 서비스를 원한다는 것이다. 사회에서 생산인력으로 주축을 담당하고 한창 활동할 때에는 필요한 것을 구매했지만, 이제는 원하는 것을 구매한

시니어 파워 시대

다. 자신이 원하는 것이 있는데 다른 것을 자꾸 보여주고 권하는 것은 몹시 불편한 일이다.

'시놀(시니어놀이터)'은 5070을 대상으로 하는, 사람 사귀는 앱이다. 시놀 초창기에는 앱 다운로드 수는 많은데 가입자가 적었다. 원인은 본인 명의가 아닌 자녀나 배우자 명의로 된 스마트폰이 꽤 있었기 때문이었다. 타인 명의의 스마트폰은 통신사 인증, 본인 인증 등이 어렵다. 이를 알게 된 시놀 측에서는 색다른 가입 절차를 만들었다. 가입 시 사진첩에 있는 사진을 업로드하고, 실시간 셀카를 찍어서 함께 올리면 두 장의 사진을 비교하여 본인 인증을 가능하게 했다. 이후 가입률이 60% 정도 상승했다고 한다. 얼마나 직관적인가. 시니어 입장에서는 내가 사용하는 스마트폰임을 사진 두 장으로 간단하게 입증만 하면 되는 것이다.

이 사례에서 알 수 있듯 시니어의 특성을 이해하고, 편하고 쉽게 사용할 수 있는 환경을 제공하는 단순한 진리가 시니어 비즈니스의 성공을 이끈다고 해도 과언이 아니다.

_____ 시니어 서비스도 플랫폼 중심으로 전환 중

플랫폼은 일종의 시장이다. 시장이라는 공간에는 물건을 사고파는 사람들이 있다. 사고파는 행위가 가능하게 온라인으로 공간을 옮겨 놓은 것이 플랫폼이라고 할 수 있다. 시장이 활발하게 움직이려면 소비자가 필요로 하는 물건을 많이 비치해 둬야 한다. 즉 플랫폼이 제 역할을 하기 위해서는 고를 수 있는 선택지가 많아야 한다. 시니어 플랫폼도 마찬가지이다. 시니어 비즈니스로 출발한 스타트업이 계속 투자를 받고 잘되는 이유는 해당 플랫폼의 수요자와 공급자가 계속 늘어나기 때문이다.

살펴보면 시니어 플랫폼은 두 가지 방향의 흐름을 보인다. 홀로 생활하기 어려운 패시브 시니어와 비교적 건강한 몸으로 활동할 수 있는 액티브 시니어를 대상으로 하는 플랫폼은 공급되는 서비스도, 사용하는 양태도 다르다.

패시브 시니어 대상 플랫폼은 대체로 헬스 케어나 방문요양 서비스 혹은 재가요양 서비스에 치중되어 있다. 방문요양 서비스 플랫폼인 '한국시니어연구소', 주·야간 보호와 간호 등의 장기요양사업을 하는 '케어링', 간병인 매칭 플랫폼 '케어네이션', 돌봄 인프라 플랫폼 '케어닥' 등이 패시브 시니어 서비스군에 속한다.

액티브 시니어 대상 플랫폼은 구인·구직, 패션, 교육, 취미, 여행 등 여가와 자기계발 욕구를 충족시킬 수 있는 서비스를 제공하고 있다. 배송 플랫폼 '옹고잉'은 60세 이상 시니어 배

시니어 파워 시대

송원을 정규직으로 고용해 물류 정기 배송을 대행하는 서비스를 제공한다. '똑비'는 정보 검색부터 물품 구매까지 시니어들의 디지털 비서를 자처한다. '오뉴'는 취미 문화 커뮤니티로 원데이 클래스, 정규, 무료 체험 등 다양한 형태의 프로그램을 제공한다. 오뉴는 오프라인뿐만 아니라 온라인으로도 다양한 여가 정보를 받을 수 있다. '위드플'은 시니어 계층에 특화된 맞춤형 여행 상품을 제공하는 플랫폼이다.

시니어 당사자가 직접 디지털 기기를 사용하지 못해도 자녀들이 방문요양 플랫폼에서 간병인을 구하고, 병원을 예약하는 등의 디지털 서비스를 사용하고 있다. 요리나 와인을 더 배우고 싶은 시니어는 취미 플랫폼에서 원데이 클래스를 예약할 수 있다. 이렇듯 플랫폼에서 제공하는 서비스 중심으로 시니어 문화도 정착되는 중이다.

2
건강과 여가문화

____ 잘 늙어간다는 의미

기존 노인학 연구에서는 고도로 발달한 사회일수록 노인의
사회적 지위가 낮아진다고 말해왔다. 사회적 기여는 거의 없
는 상태에서 복지비용이 지출되는 수혜 대상으로 노인을 규
정한다면 이 말을 반박할 수 없다. 하지만 액티브 시니어가
주 소비자층으로 떠오른 현재 시점에서는 다르다. 노인이 아
닌 시니어, 시니어가 아닌 일반 사회 구성원으로 존재감 있
게 나이 들어가는 것이 새로운 패러다임으로 받아들여지고
있다.

나이가 들면 일단 신체적 노화로 인해 모든 질서가 흐트러지기 시작한다. 매일 할 수 있었던 간단한 노동을 이틀이나 사흘에 한 번으로 줄여야 하고, 여기에서 비롯한 소득 감소는 전반적인 생활을 위축시킨다. 일주일에 한 번 하던 외식을 한 달에 두 번하고, 한 달에 한 번 나가던 모임을 두 달에 한 번 혹은 반년에 한 번으로 줄여 나갈 수밖에 없다. 사회적인 고립을 경험하기가 쉬워진다. 이로 인해 건강, 소득, 관계의 순서로 악순환 고리가 형성되면 노화는 급행열차를 탄다. 심해지면 패시브 시니어 단계로 들어서게 된다. 갑자기 확 늙는다는 말이 나오는 순간이다.

이를 예방하기 위해 그동안 시니어 소비를 좌우했던 패러다임은 안티에이징(anti-aging)이었다. 화장품과 피부 미용에서 시작되어 건강보조제, 헬스 케어 등으로 계속 확장되어 나갔다. 나이를 먹지 않은 것처럼 보이고 싶어 했다. 하지만 나이를 먹지 않은 것처럼 보일 수는 있지만 지속되지 않는다는 경험이 쌓이자 사람들은 잘 늙어가는 것에 관심을 두기 시작했다. '안티에이징(anti-aging)'에서, '웰에이징(well-aging)'으로 관심사가 변환되고 있다.

'구구팔팔이삼사'란 유행어가 있다. 99세까지 팔팔하게 살고 2~3일 아프다가 죽자는 의미로 요즘 어르신들 사이에 덕담처럼 오가는 말이다. 웰에이징은 자기 나이를 긍정적으로 수용하는 데에서 시작된다. 긍정적인 수용이란 거창한 정서적 육체적 실천을 의미하는 게 아니다. 건강을 유지하기 위해 식생활을 개선하고 일정한 운동을 하고 사람들과 친밀하게 교류하는 정도의 기본을 지키는 것이다. 너무 간단한 원칙이지만 이는 매우 지키기 힘든 일이다. 나이와 함께 연륜과 지혜도 쌓이지만 게으름도 쌓이기 때문이다.

술 담배 와인 커피 같은 자극성 기호식품 대신 우유나 대체 단백질을 섭취하고 하루 세 끼 정량의 식사를 하고 정해진 운동을 꾸준히 하라고 하면 '지금 이 나이에 국가대표 선수촌에 들어온 것처럼 살고 싶지 않다'고 하는 분들이 대부분이다. 그리고 인간관계의 변화가 감지되어도 그 신호를 무시한다. 자신이 제일 중요하기 때문에 잘못된 관계를 회복하거나 새로운 관계 맺기를 피하고 '무시'라는 편한 방식을 택한다.

건강하고 행복하게 나이 들기 위해서는 스스로 적극성을 가져야 한다. 명함만 주고받으면 사람들이 계속 찾던 시기는 지났다. 스스로 사회 속에서 존재를 증명해야 이 사회의 일원으로 활동하며 나이 들어갈 수 있다.

모두가 바라는 시니어의 일상은 지금까지의 일상에서 큰 변화나 단절 없이 편안하게 생활하는 것이다. 자기 자신만 소중해서는 평온한 일상은 없다. 젊었을 때보다 더 적극적으

웰에이징을 위한 질문 20	
1	현재 우리 사회에서 눈에 띄는 현상이나 트렌드가 무엇인지 알고 있는가
2	자신의 신체 건강을 유지하기 위해 하는 일은 무엇인가
3	스트레스 받는 일은 무엇이고 어떻게 해소하는가
4	규칙적으로 하는 운동이 있는가
5	현금과 연금, 부동산 같은 자산의 현황을 파악하고 관리하며 돈을 쓰고 있는가
6	가족과 친구, 커뮤니티 등에서 자신의 역할은 무엇인가
7	가족과의 관계는 어떠한가
8	여가를 위해 어떤 활동을 하는가
9	스스로 식사를 해결할 만큼 요리를 할 줄 아는가
10	서류, 책, 의류, 소모품, 신발, 가재도구 등을 정리정돈하고 있는가
11	현재 소득을 위해 하는 일은 무엇인가
12	종교단체나 지역사회 등에서 봉사활동을 하고 있는가
13	디지털 기기로 은행, 쇼핑, 배달 등의 필요 행위를 할 수 있는가
14	운전 혹은 대중교통 등 이동 수단 대책을 세우고 있는가
15	지속적인 취미활동을 하고 있는가
16	무엇을 학습하거나 배우고 있는가
17	하루 생활을 체계적으로 계획해서 생활하고 있는가
18	질병에 대해 간병, 비용 등의 대안이 마련되어 있는가
19	채무와 자산을 분리해서 상속하거나 유언할 준비가 되어 있는가
20	회고록, 일기, 편지, 녹음, 영상 등 임종을 대비하는 활동이 있는가

로 생활에 임해야 진정한 웰에이징이라 할 것이다.

우리는 똑같이 은퇴하고 있는가? 40세 이후부터 법적 연한인 60세까지 은퇴는 모든 사람에게 동일하게 적용되지 않는다. 만약, 자신의 주 직업에서 물러나는 것을 은퇴라고 규정한다면 40세에 명예 퇴직한 은행원은 은퇴한 것인가. 아니다. 은퇴가 아닌 다른 일을 찾는 과정으로 볼 것이다. 이 삶은 죽는 순간까지 이어진다. 40이든 60이든 80이든 자기 삶을 찾아 살아가는 것이 진정한 웰에이징이라 할 것이다.

___ 유의미한 여가활동 필요

웰에이징, 헬시에이징에 대한 욕구가 분출하는 현재 시점에서 성공적으로 늙는다는 것은 건강과 돈, 문화생활 같은 여건이 조화롭고 충분함을 전제로 한다. 조사된 바가 없어서 이 세 가지가 충분히 조화를 이룬 노인인구 비율이 얼마나 되는지는 알 수 없지만 대부분은 자신이 노후대비를 잘 못한다고 생각하고 있다.

NH투자증권 100세시대연구소에서 발간한 '2024 슬기로운 은퇴생활'에 따르면 부부의 적정 노후 생활비 평균은 약 322만 원이라고 한다. 토스뱅크 조사에서는 직장인의

74.1%가 노후 준비가 부족한 것으로 대답했다. 국민연금공단 조사 결과, '최소 노후 생활비'는 1인 기준 124만3천 원, 부부 기준 198만7천 원이라고 한다. 65세에 은퇴해서 100세까지 30년 넘게 산다고 가정하면 노후에 필요한 최소 생활비는 개인은 4억 원 이상, 부부는 7억 원 이상으로 보고 있다. 대부분 은퇴자들이 현금보다는 부동산 자산에 기대고 있는데 앞으로 생활비는 많이 들어간다니 얼마나 불안하겠는가. 계속 일할 수밖에 없는 게 현실이다.

지금까지 삶은 교육받고, 이를 토대로 경제활동을 하고, 은퇴해서 여가를 즐기는 형식이 일반적이었다. 타의든 자의든 60~65세 기준으로 은퇴한다면 대부분 여가와 휴식을 취할 것 같지만, 남은 생애 또한 교육, 경제활동, 여가 사이클을 반복할 수밖에 없다. 여가와 휴식만으로는 남은 생애를 보내기에는 경제적으로 충분치 않고, 육체적으로는 '노인' 취급을 당할 정도로 노쇠하지 않기 때문이다.

50세에서 69세를 대상으로 한 또 다른 조사에 따르면 노후에 희망하는 사회참여 활동으로는 '젊어서 하지 못한 취미생활'을 하고 싶다고 대답한 사람이 52.8%이 가장 높은 비율로 나타났고, 그 외에 '소득 창출을 위한 일' 13.1%, '학습 등 자기계발 활동' 10.3%, '자원봉사와 같은 의미 있는 일' 6.2%로 답했다. 바람은 그렇지만 실제로 가장 시간을 많이 보내는 여가활동은 TV 시청으로 나타났다.[16] 실제 행하고 있는 여가활동은 거의 TV 시청에 그치고 있어서 유의미한 여가활동에 대한 여건을 마련해야 한다는 의미로 해석된다.

이 조사에서 TV 시청을 기준으로 세부적으로 살펴보면 읍면 지역에서, 남성이, 연령대가 높을수록, 배우자가 없는 경우, 가구 유형이 1인 가구인 경우, 교육 수준이 낮을수록, 현재 미취업 상태인 경우, 가구 소득이 낮을수록 노후에 참여하고 싶은 여가활동이 TV 시청이라고 응답한 비율이 상대적으로 높게 나타났다.[17] 한마디로 요약하면 이상은 부유한 은퇴생활이고, 머리로는 즐거운 취미생활을 꿈꾸지만, 당장은 TV나 보면서 시간을 보내는 게 현실이다.

현재 접할 수 있는 시니어 대상 여가문화 시설은 천편일률적이라는 인상을 지울 수 없다. 노인복지관이나 경로당의 프로그램들은 매년 반복적이고, 이를 떠나 새로운 취미생활을 하려면 개인 돈을 지출해야 한다. 기존 프로그램에서 한 발 더 나아가 베이비붐 세대가 즐기는 프로그램이 있어야 하는데 다소 부족하다. 어떤 경우에는 학습인지 레크리에이션인지 혼란스러운 프로그램도 많다. 학습과 레크리에이션은 다른 영역인데 노인복지관 프로그램은 자꾸만 학습으로 연결 짓는 게 재미를 반감시키는 요인이 아닌가 싶다.

시니어 파워 시대

이러한 사정 때문에 〈시니어TV〉에서 하려는 사업에 내가 많은 욕심을 내고 있는 것인지도 모른다. 늘 하는 똑같은 것 말고 진짜 시니어들이 재미와 자극을 추구할 수 있는 프로그램들을 제공하고 싶다.

___ 건강에서 가장 중요한 정신 건강

한국은 OECD 국가 중에서 노인 자살률 1위 국가라는 불명예까지 안고 있다. 2016년부터 2020년까지 5년 동안 극단적 선택을 한 노인은 1만7천여 명에 이른다. 건강이 나빠지고, 사회적 역할 축소에 따른 상실감이 밀려오고, 경제적으로 어려움을 겪거나, 배우자가 사망하면 그 고립감 때문에 삶의 의욕이 현저하게 떨어진 나머지 극단적 선택에 이르게 된다.

왜 유독 우리나라에서만 이런 현상이 두드러질까. 해외 여러 선진국도 고령화 사회로 들어섰는데 이토록 심하지는 않다. 사회학자들은 고도성장과 급속한 산업화에 따른 부작용이라고 원인을 분석한다. 우리나라는 지난 수십 년간 매우 빠른 속도로 성장했다. 그 과정에서 '현실주의'나 '실용주의' '효용성' 등이 우선시되고, 성장에 기여하지 못하는 사람들은 쓸모없는 존재로 취급당했다. 그 중 대표집단이 노인이었다. 틀딱이라고 노인을 비하하는 젊은이들은 어느 순간 키보드 위에서 태어난 게 아니라 우리 사회에 깊게 배인 실용주의와 맥락을 같이 한다. 꼰대나 틀딱 같은 사회적 비난이 아무렇지도 않게 사용되자 노인들은 스스로 사회적 가치가 없는 사람이라는 스트레스에 휩싸일 수밖에 없었다.

이제는 막 60대에 접어들거나 노인이 아닌 액티브 시니어로 살아가는 사람들은 이런 이야기는 자기 이야기가 아니라고 느끼기 쉽다. 하지만 고립감, 외로움, 우울함 등은 누구나 느낄 수 있는 감정이다. 이 감정이 일상을 지배하지 않도록 미리 대비하는 태도가 필요하다.

2020년 국민여가실태조사를 보면 60대 이상 노인 과반수가 혼자서 여가를 보낸다고 대답했다. 더군다나 첫 번째 개인주의자라고 평가받는 X세대들이 노인이 된다면 혼자 활동하는 사람은 더 많아질 것이다. 사회적 역할 상실이나 고립감을 느끼지 않는다 하더라도 가족을 비롯한 가까운 관계의 변화는 심리적 충격요인이 된다. 맞닥뜨리는 여러 가지 변화와 환경이 우울증, 외로움, 고립감, 자괴감 등으로 이어지지 않도록 정서 관리에 신경 써야 한다.

임선진 국립정신건강센터 정신건강의학과 전문의는 우선 슈퍼노인 증후군을 벗어나라고 조언한다. 슈퍼노인 증후군은 바쁘고 생산적으로 살아야 한다는 강박관념에 시달리는 노년기의 병리적 현상이다. "개인의 성향과 관점에 따라 은퇴 후 생활은 넉넉한 시간 속에 자신이 선택한 여가생활을 즐기는 시기로 받아들여지기도 하지만, 일상의 변화와 대인관계의 단절, 역할변화로 인한 고립감과 자기정체성의 혼란으로 부정적으로 받아들여지기도 한다."면서 바쁘고 생산적으로 살아야 한다는 강박관념을 버리라고 조언한다.

_____ 외모만족도와 활동력의 관계

에이브러햄 해럴드 매슬로(Abraham Harold Maslow, 1908~1970)는 '욕구 5단계설'로 유명한 미국의 철학자이자 심리학자이다. 그가 주장한 욕구 5단계설에서 '자아실현'을 최상위 5단계에 있는 가장 중요한 가치로 소개한 이후 '자아실현'이라는 개념이 심리학자들을 거쳐 대중들에게 널리 각인되었다. 그 심리학자의 이름은 대부분 모르지만 '자아실현'은 현대인들이 직업을 정하고 인생을 설계할 때 매우 중요한 개념이 되었다.

그의 이론에 따르면 인간의 행동은 부족한 욕구를 채우려는 목적이 있다고 한다. 그 욕구에는 5단계가 있고, 한 단계

욕구가 채워지면 다음 단계로 이행한다고 한다. 1단계는 생리적 욕구, 2단계는 안전 욕구, 3단계는 사회적 욕구, 4단계는 존경의 욕구, 마지막 5단계는 자아실현의 욕구이다. 그의 5단계 욕구설을 라이프사이클에 대입해 보면 우리가 은퇴하기 전까지 밟는 평생의 여정이라는 생각이 든다.

부모의 보살핌 아래 한 인간으로 성장하는 10대 시절에는 생리와 안전 욕구를 채우는 것이 무엇보다 우선이고, 청소년기를 거쳐 직업을 갖는 20대가 되면 사회적 욕구의 지배를 받는다. 속한 집단에 소속감을 느끼고, 구성원들과 긍정적인 상호작용을 하며 활발하게 사회적 성취를 이루는 단계이다. 이후 30대, 40대에 이르면 이룬 성취를 바탕으로 리더급으로 올라선다. 대리든 팀장이든 창업한 사장이든 누군가를 이끌고, 집단의 구성원으로부터 좋은 평가와 존경을 받고자 하는 욕구가 분출한다. 이를 충족시키기 위해 최선을 다하고, 그것이 은퇴를 앞둔 시점인 50대, 60대가 되면 재능과 잠재력을 최대치로 발휘해 자기만족에까지 이르는 '자아실현' 단계로 나아간다.

마치 마지막 불꽃을 사르는 촛불처럼 최대치로 밝게 빛나지만 '자아실현'의 단계는 얼마 가지 않는다. 퇴직이나 은퇴와 동시에 '아무것도 아닌' 채로 다시 30년을 더 살아야 한다고 생각하면 그 끝을 놓고 싶지 않은 것이 시니어들의 솔직

한 심정이다. 또한 스스로 만족하지 못한 마지막 '자아실현'에 대한 욕구가 남아 있기도 하다.

게다가 신체적 노화는 빈부를 가리지 않고 무차별적으로 자존감에 생채기를 낸다. '거울 속의 얼굴'이 자신이 열심히 살았던 결과라고 하기에는 차마 받아들이기 힘들다. 이미지와 영상의 시대에 '외모'는 무엇보다 강력한 무기라는 것을 알고 있는 시니어들은 이 지점에서 마지막 '자아실현'의 욕망을 느낀다. 에이지리스 사업이 번성할 수밖에 없는 이유가 바로 여기에 있다.

시니어모델은 가장 활발하게 언론에 보도되는 에이지리스 분야 가운데 하나이다. 2015년 명품 브랜드들이 시니어모델을 기용하면서 사람들의 인식이 바뀌었다. '품격과 재력, 안목'을 가진 사람만이 명품을 가질 수 있다는 무언의 메시지를 전달하는 데 성공한 것이다. 이전의 시니어모델은 노인용 의료기구나 요양원 같은 패시브 시니어용 제품 홍보에나 나설 수 있었다. 하지만 이제는 패션뿐만 아니라 금융이나 음료까지 다양하게 영역을 넓히고 있다.

수요에 비해 공급 과잉이라는 말이 나올 정도로 시니어모델이 되려는 사람들이 넘쳐난다. 그만큼 젊어 보이고, 타인에게 자신감 있는 모습으로 나서고 싶고, 활력 있게 살고 싶은 시니어들이 많다는 방증이다.

시니어모델이 아니어도 외모 가꾸기는 시니어들에게 활력을 찾을 수 있는 도구임에는 틀림없다. 거울을 봤을 때 자기 자신이 마음에 드는 것만큼 자존감을 채워주는 일도 없다.

일본에서는 '케어 뷰티스트(Care Beautist)'라는 직업이 생겼다고 한다. 케어 뷰티스트란 돌봄 능력을 갖추고 미용 기술을 습득하여 고령자에게 특화된 미용 시술을 제공하는 사람을 말한다.[18] 2024년 5월 나고야에서 풋 케어나 네일 체험을 받을 수 있는 행사도 열렸다. 서비스를 체험한 90세 여성은 발관리를 받은 후 직접 빨간 패티큐어를 선택한 뒤 얼굴에 웃음꽃을 피웠다고 한다.

케어 뷰티스트는 노인들은 단지 청결만 유지하면 될 것이라는 선입견을 깬다. 나이가 들어도 자신이 원하는 모습으로 가꾸면 자신감이 상승하고, 더 아름다워지기 위해서는 이전보다 더 청결하고 깔끔한 생활을 유지해야 하기 때문에 정서적으로 필요한 일이다. 이 일을 처음 시작한 에스테틱 살롱의 대표는 지역 노인을 위한 미용 이벤트를 기획했다가 정례화시켜 나가면서 케어 뷰티스트라는 새로운 직업까지 창출했다.

일종의 미용복지라고 할 수 있겠다. 우리나라에도 방문목욕 서비스는 복지 차원에서 시행하고 있다. 여기서 한 발 더 나아가 미용까지 고려하는 발전된 복지나 비즈니스를 고려해 볼 필요성이 있다. 외모에서 한 번 주눅이 들면 더 안으로 움츠러들기 쉽다. 노인일수록 외모 관리를 철저히 하고, 품격 있는 행동을 함으로써 자존감을 높이고, 우울증을 해소하고, 사회적 관계를 향상시킨다는 연구 결과들이 많이 발표돼 있다. 활력적인 시니어 생활을 위해 운동과 식이요법과 함께 미용과 외모 가꾸기를 통한 자존감 회복도 중요한 부분이다.

젊은층에서 시니어를 노인 취급하지 않고 닮고 싶은 선망의 존재로 인식하기 시작했다. 시니어들의 적극적인 활동 덕분이다. 이보다 더 존재감이 살아나는 일이 있을까. 마치 세월이 지날수록 더 깊은 풍미를 풍기는 와인처럼 품위 있게 다음 세대의 롤모델이 되는 것은 누구나가 바라는 일일 것이다.

_____ 시니어들의 멋과 품격을 구현하는 〈실버니아〉

시니어들에게 공간이란 자신이 살아온 인생을 보여주는 매개체이다. 멋과 품격이 담겨 있는 곳에서 휴식과 자유를 누리기를 원한다. 갈수록 고급화되는 시니어 주거공간은 시니어들의 그런 심경을 잘 반영하고 있다.

하지만 막상 내 집 앞 가까운 곳에서 시니어들에게 진정한 자유와 휴식을 선사하는 곳은 많지 않다. 추억과 보람으로 가득했던 자신의 참 좋은 시절을 추억하고, 막연한 미래를 선명하게 그릴 수 있는 인생 후반전을 응원하는 공간을 찾기 힘들다. 교육, 봉사, 일자리 등등 많은 곳이 있지만 각각 따로 존재한다. 교육받기 위해 움직이고, 봉사하기 위해 이동해야 하고, 일하려면 먼 곳까지 찾아다녀야 한다.

제일 허망한 것은 정작 액티브 시니어들이 가고 싶은 곳이 없다는 사실이다. 체력도 건재하고, 쓸 데 쓸 만큼 돈도 있고, 오라는 곳도 많은데 액티브 시니어들이 가고 싶은 곳은 많지 않다. 심지어 기존의 인프라에 약간의 거부반응도 보이기도 한다.

"벌써 시니어클럽에 가려니 쑥스러워요."

시니어클럽이 어떤 곳인지 물어보면 교류하는 곳이라는 사람도 있고, 노는 곳 아니냐고 묻는 사람도 있다. 뭔지도 잘 모르는 상태에서 막연하게 자신이 갈 곳이 아니라고 생각한다. 시니어클럽은 각 지역마다 존재하는 노인일자리사업기관이다. 고령사회를 대비해서 노인들의 경제활동과 사회활동을 지원하고자 2001년 보건복지부 지정으로 탄생했다. 2022년 기준 전국에 194개소가 있다.

시니어 파워 시대

노인학교나 경로당에 대한 반응도 거의 비슷하다. 무엇을 하는 곳인지 정확하게 모르지만 왠지 자신이 갈 곳은 아니라는 생각부터 하고 본다.

그만큼 우리나라 시니어 인프라는 시니어의 증가속도와 세련된 의식을 따라잡지 못하고 있다.

시니어들이 가고 싶은 곳은 어떤 곳일까?

우선 가까운 곳에 있으면 좋을 것이다. 시니어들이 운전해서 멀리 가는 것은 무리니까 가까운 곳이나 동네에 있어서 매일 혹은 내킬 때마다 들를 수 있는 아지트 같은 곳이면 좋겠다. 그리고 간단하게 먹고 마실 수 있어야 할 것이다. 가격도 부담스럽지 않고, 종일 머물러도 눈치 주는 사람도 없는 곳, 시니어들이 많이 모여 들어서 함께 정보를 교환하거나 무언가를 배울 수 있으면 더 할 나위가 없겠다.

이런 취지에서 구상한 것이 시니어 전용 테마파크 〈실버니아〉이다. 〈실버니아〉는 〈키자니아〉 경영 당시 할아버지 할머니와 함께 오는 아동들을 보면서 최초의 아이디어를 떠올렸다. 아이들이 〈키자니아〉에서 신나게 체험하는 동안 할아버지 할머니, 혹은 부모들은 그저 벤치에 앉아서 기다리거나 카페에 앉아서 무료함을 달래기 일쑤였다. 그들을 위해 1일 강연 등을 개최하면서 우리나라 고령화 사회의 모습이 일찌

감치 그려졌다.

미국 시카고에는 모어댄어카페(More Than a Cafe)라는 곳이 있다. 모어댄어카페의 슬로건은 '잘 먹고, 잘 배우고, 잘 놀고, 잘 나이들 수 있는 동네 사랑방(A neighborhood place to eat well, learn well, play well, age well)'이다. 이 공간은 카페(Cafe)와 캠퍼스(Campus), 공동체(Community) 기능이 하나로 합쳐진 곳으로 단순히 커피를 마시는 카페 이상의 역할을 해내는 곳이다. 친구들과의 놀이공간, 평생학습, 레스토랑이 모두 합쳐진 복합문화공간이다. 우리에게도 이런 공간이 절실하다.

지자체마다 시니어 센터를 건립할 때마다 대부분 '복합문화공간'이라고 홍보하지만 복합문화공간이라고 하기에는 다소 부족하다. 일자리센터도 복합문화공간, 취미교실도 복합문화공간, 카페도 복합문화공간이라고 이름 붙인다. 진정한 복합문화공간에 대한 이해도, 실현도 부족하다.

생애주기가 변화한 만큼 시니어 문화에는 새로운 관점이 생성되고 있다. 액티브 시니어들로부터 자기계발이나 앙코르커리어 개발 요구가 거세다. 이들에게는 기존의 노인교실이나 경로당과는 다른 공간이 필요하다.

이러한 생각 끝에 프리미엄 시니어 커뮤니티 역할을 할 수 있는 〈실버니아〉를 구상했다. 가치(VALUE) 있는 삶을 지향하고, 보다 젊은 생각과 행동으로(Yold), 정보교류(Connect)와 자기계발이 있는 공간을 선사하는 것이다. 멤버십이 될 수도 있고 카페처럼 원할 때에만 방문할 수도 있는 자유롭고 품격 있는 공간이 〈실버니아〉가 추구하는 바이다. 관심사를 공유하는 친구를 만날 수 있고, 새로운 스포츠를 배울 수도 있고, 새로운 직업을 위해 재교육도 가능한 곳으로 만들자는 바람이 있었다.

학생들이 가는 스터디카페처럼 개인이 사무를 볼 수 있는 오픈 데스크, 유튜브 같은 개인 방송 영상을 찍고 편집할 수 있는 스튜디오, 같이 모여서 정보를 교환할 수 있는 세미나룸과 라이브러리 등이 시니어 전용으로 갖춰지는 것이다. 공부나 정보뿐만 아니라 젊은 라이프스타일과 마인드로 주도적인 삶을 개척하도록 돕는 뷰티, 패션, 인테리어 강좌나 금융, 요리, 와인 같은 취미 강좌도 개설하면 좋을 것 같았다.

내가 구상한 〈실버니아〉는 나이 때문에 도태되지 않겠다는 의지를 가진 시니어들이 사회적 역할과 유대감을 지속하며, 더 건강한 지낼 수 있도록 돕는 진정한 '복합문화공간'이었다. 이제까지 시니어들이 머무는 공간은 시간을 보내는 곳이었지만 〈실버니아〉에서는 시간을 채워 나갈 수 있도록 하는 게 목표였다. 〈키자니아〉가 아이들이 미래 꿈을 펼치는 리얼 체험 공간이었듯, 〈실버니아〉에서는 시니어들이 자신의 꿈을 펼치길 바란 것이다.

〈시니어TV〉 사장으로 일하면서 〈실버니아〉 설립에 대한 의지는 더욱 강해졌다. 시니어 산업 전반에 깊이 접근할수록 비즈니스의 핵심에는 '재미가 불붙인 열정'이 있다는 걸 확인할 수 있었다. 시니어들에게는 지금 당장 문을 열고 나가면 바로 갈 곳이 필요하다.

해외에서는 어떻게 하고 있나

스페인의 아에품(AEPUM), 노인을 위한 대학

AEPUM: Asociación Estatal de Programas Universitarios para Mayores[19]

아에품은 스페인의 '주립 노인대학 프로그램협회'로 비영리 노인대학 단체이다. 55세 이상 중장년층 가운데 대학교 환경에서 다시 공부하고 싶은 사람을 위해 프로그램을 만들었다. 기존에는 여러 노인대학 프로그램이 있었는데 25년 이상 꾸준히 이 프로그램들을 통합해서 시니어 관련 프로그램을 만들어 오고 있다. 시니어들을 '노인'이 아니라 '준비된 인재'로 보고 새로운 사회를 함께 만들어 갈 수 있도록 체계적 커리큘럼과 양질의 교육을 제공하고 있다. 공립 및 사립 대학, 지방자치단체들이 함께 참여한다. 2004년에 중장년층

대상 전문 교육 프로그램을 활성화해 노인 집단의 교육 및 문화 발전에 기여하는 목적으로 설립되었다.

인문학, 사회과학, 언어학, 심리학, 역사학, 자연과학 등 이 커리큘럼으로 제공되고 있다. 우리나라 대학 신입생들이 듣는 기초 교양과목 정도 수준이다. 이를 통해 노인들은 세미나 및 컨퍼런스 개최, 연구 프로젝트 등 다양한 활동에 참여할 수 있다. 세미나에 참여해 '노인을 위한 대학 프로그램에서의 ICT 활용', '세대적 다양성을 위한 노력' 같은 심도 깊은 주제로 토론할 수 있고, '디지털 격차 문제 해결을 위한 효과적인 시니어 IT 학습법' 등의 주제로 주변 EU 국가 내 협회들과 함께 연구 프로젝트를 진행하기도 한다. 시니어들이 적극적인 연구 활동을 선택하도록 돕는다.

영국의 시티릿(City Lit), 런던 시민들을 위한 열린 배움터[20]

시티릿은 세계대전 후 성인 노동자에게 여가, 문화 등 교육 기회를 제공하고자 설립된 7개 기관 중 유일하게 지금까지 남아있는 기관으로 100년 이상의 깊은 역사를 지녔다.

시티릿은 런던 중심부에 위치해 있고, 주 7일 8시~오후 10시까지 폭넓은 시간대에 이용할 수 있다. 다양한 인종과 중장년, 고령자로 구성된 런던 시민들의 각기 다른 생애 단계와 라이프스타일을 고려한 것이다. 팬데믹을 기점으로 온라인 교육도 활성화했다.

'배움을 통해 시민의 삶이 풍요로워지도록' 인문, 예술, 역사, 문화, 기술·과학, 건강, 언어, 일상기술, 전문기술 등 광범위한 주제의 교육 과정을 운영하고 있으며 연간 총 5천여 개에 달하는 클래스가 진행된다. 시민들이 더 나은 학습 환경과 일자리를 유지하고 건강한 삶을 살 수 있도록 역량 개발 또한 지원한다. 단순 흥미로 가볍게 시작했거나 생활 기술을 익히기 위해 수강한 교육 과정일지라도, 새로운 직업이나 활동으로 이어질 수 있도록 도움을 주고 있다. 예를 들어 학습적으로 더 깊이 있게 배우기를 원하는 경우에는 대학과 전문기관 등을 연계하여 수준별로 교육과정을 들을 수 있게 해준다.

시티릿의 전체 이용자 중 64%가 45세 이상으로 중장년층의 이용률이 상당히 높다. 시간적 경제적 여유가 있는 사람들일수록 젊은 시절 시도하지 못했던 인문·예술 분야에 관심과 열정이 크다. 실제로 현재 영국에서 활발하게 활동하는 배우, 작가, 화가 중에는 시티릿을 통해 인문·예술 분야의 커리어를 쌓은 사례가 많다. 시티릿에서 글쓰기를 시작해 맨부커상·오웰상을 수상한 영국의 베스트셀러 작가 애나 번스(Anna Burns FRSL, 1962~)의 작품은 우리나라에서도《밀크맨》이라는 제목으로 출간되었다. 시민학교에서 꿈을 키우고 그야말로 세계적인 작가가 된 셈이다. 수강료가 최대 1천만 원에 이르지만 그만큼 전문적이고 양질의 교육 서비스를 제공한다고 볼 수 있다.

싱가포르의 스킬스퓨처(SkillsFuture)[21]

싱가포르 국민이라면 누구나 고용시장에서 경쟁력을 유지할 수 있도록 하는 국가 차원의 시스템이다. 이 정책은 학생부터 사회초년생, 전문 기술을 보유한 숙련된 노동자에 이르기까지 모든 국민에게 바우처를 제공하여 평생학습에 참여하도록 독려한다. 바우처는 500싱가포르달러로 시작해 성과 달성 여부에 따라 추가 금액 지원 여부가 결정된다.

40대 이상 경력자들의 고용 유지 및 직종 전환을 돕기 위해 운영되는 두 가지 대표 프로그램이 있다.

시시피(Career Conversion Program)와 시티피(Career Transition Program)이다. 시시피는 전문가, 매니저, 경영진 대상으로 새로운 분야로 전직을 돕는 프로그램이다. 새로운 직무를 맡을 수 있을 정도로 전문적인 재교육을 실시한다. 시티피는 파트타임 일자리 교육 프로그램이다. 예를 들어 40대 후반 디자이너에게 3D, 애니메이션, 인터랙티브 웹 디자인 같은 신기술을 교육하고 재취업시킨다.

특정 계층이 아닌 국민 전체를 대상으로 한 프로그램이라는 점에서 성과 폭이 넓다. 교육이 실제 고용으로 연결되어 국가와 기업 모두 윈윈할 수 있는 기회가 된다. 무엇보다 고령화 문제를 국가 경쟁력과 관련된 위기로 인식하고, 생애주기적 관점에서 평생학습 시스템을 구축했다는 점이 돋보인다.

일본의 시니어 중소기업 서포트 인재 프로그램

대기업이나 중견기업 등에서 풍부한 경험과 능력을 가진 시니어(55세 이상)를 대상으로 실시하는 프로그램으로, 지금까지 쌓아온 조정 능력, 협상 능력, 커뮤니케이션 능력 등 종합관리 능력을 살려 중소기업 재취업을 목표로 하는 사람들이 많이 참여하고 있다.

경영, 인사노무, 재무경리, 해외영업, IT 관련, 기술관리 등 다양한 직무 유형에 도전한다. 프로그램에 참여한 대부분 시니어가 수료 후 중소기업에 성공적으로 취업한다고 한다.

한국은 은퇴 관리 시스템이 이제 막 형성되려는 시점에 와 있다. 서울50플러스재단을 통해 은퇴 관리사, 경력 컨설턴트, 노후설계 컨설턴트 같은 분야의 인재 풀이 형성되는 기류가 보인다. 서울50플러스재단의 발표에 따르면 중장년들이 프로그램을 통해 포토샵이나 일러스트 같은 디지털 기술을 가장 많이 배우고 싶어 하고, 또 배운 것을 다른 시니어들에게 가르치는 교육자가 되려는 바람을 가진다고 한다. 시니어모델이나 유튜버, 웹소설 작가 등 문화예술계 진출 수요도 많다. 점점 더 시니어와 청장년 간 직업의 경계가 모호해지고 있고, '노인'에 대한 정의나 인식이 해체되는 중이다.

　고령화, 저출생, 기술 발전이라는 거대한 흐름 속에서 사회 시스템이 완전히 개편되고 있는 현재 시점에서 일자리창출은 해결이 시급한 과제로 대두되고 있다. 시니어들에게 양질의 일자리와 더불어 사회적으로 새로운 것들에 끊임없이 도전하고 성장할 수 있는 기반을 마련해 주는 것이 그 무엇보다 중요하다.

의료와 돌봄

____ 의료 돌봄의 현실

나이 듦을 받아들이고 현명하게 늙어 가려 해도 신체의 노화는 어쩔 수 없는 수순이다. 조금이나마 더 건강하게 생활하기 위해 체력증진, 식이요법 등으로 관리하지만 어느 순간 타인의 도움이 절실해지는 시기가 온다. 수명이 길어짐에 따라 60대 자녀가 90대 부모를 돌봐야 하는 경우는 흔해졌다. 노노(老老) 케어 여건이라도 된다면 그나마 다행스럽다.

EBS 다큐멘터리 〈100세 시대의 충격〉에 등장한 할머니는 88세에 시골 큰 집에서 홀로 살고 계셨다. 어떤 날은 종일 말

한마디 못하고 지낸다. 다음 날 아침 옆집 할머니를 방문하지만 5분도 안 되어 돌아오고 만다. 오후에는 다른 할머니들이 찾아오지만 또 5분도 안 되어 가버린다. 사실 88세 할머니는 청력이 좋지 않아서 의사소통이 어렵다. 잘 안 들려서 서로 딴소리를 하니 대화가 길게 이어지지 못하고 점점 대인관계는 단절되어 간다. 신체의 노화보다 의사소통이 안 되고 대화할 대상이 없는 고립된 삶이 더 힘들다고 다큐멘터리는 전한다.

혼자 늙어 간다면 어떤 모습일지 상상해 본 적이 있는가? 활동이 가능한 액티브 시니어들은 요양원, 요양병원, 노인요양공동생활가정, 노인복지주택 등등을 잘 구분하지도 못한다. 당장은 자기 일이 아니기 때문이다. 부모와 떨어져 사는 30대, 40대 자녀들은 부모가 아프면 "요양원에 모셔야 해요? 요양병원에 가야 해요? 국민건강보험공단에 서류를 내야 해요?"라고 질문한다. 뭐부터 해야 할지 평소에 전혀 대비도 안 되어 있고, 지식도 없다. 인터넷에 몇 번 찾아보면 어떻게 해야 하는지 정보가 넘치지만 관심사가 아니었기 때문에 머릿속에 저장해 두지 않은 거다.

우리나라 시니어 케어는 '노인복지법'과 '국민건강보험법'에 근거한다. 노인이라는 용어에 대한 거부감이 있어서 '어르신'으로 통일하자는 의견도 많지만 일단 법적 용어는 65

세 이상은 '노인'이다. 치매나 뇌졸중 같은 중대 질병이 발생하면 '노인복지법'과 '국민건강보험법'에 근거해 '치료'와 '돌봄' 가운데 선택을 해야 한다. 요양원과 요양병원은 치료체계에 속한다. 지속적인 의학적 치료와 관찰이 필요할 때 할 수 있는 최후의 선택지 같은 것이다. 돌봄은 국민건강보험법에 속한 노인장기요양보험의 지원을 받아서 주간보호시설이나 단기보호시설, 노인요양공동체생활가정 등으로 택할 수 있다.

요양병원과 요양원 또한 차이가 크다. 요양병원은 꼭 노인

요양원과 요양병원		
구분	요양원	요양병원
개념	독립적 일상생활이 어려운 65세 이상 노인과 65세 미만이라도 노인성 질환을 가진 환자를 돌보는 공간	외상, 질환, 수술로 인해 회복과 재활이 필요한 환자가 장기 치료 목적으로 입원할 수 있는 의료기관(30인 이상 수용시설)
목적	돌봄과 거주	치료와 재활
자격	장기요양 등급판정 필요 1~5등급	누구나 입원 가능
서비스 제공 인력	요양보호사, 사회복지사, 간호사(간호조무사), 전문 물리 치료사, 작업치료사	간호사, 약사, 물리 치료사, 의사 등 의료인 상주(의료 전문 인력 있음)
적용법과 적용보험	노인복지법 노인장기요양보험	의료법 국민건강보험

이 아니어도 요양이 필요한 사람은 누구나 입원이 가능하다. 아픈 사람은 연령에 상관없이 누구나 병원에 가듯 요양이 필요한 사람은 누구나 요양병원에 입원할 수 있다. 의사와 간호사가 상주해서 치료를 돕는다. 요양원은 의사가 상주하지는 않는다. 치료가 목적이 아닌 노인성 질환으로 돌봄이 필요한 노인들에게 제공되는 복지이다. 1~3급까지 요양등급을 받아야 노인장요양보험의 적용을 받고 요양원에 입원할수 있다. 요양원은 대부분 '노인장기요양보험 지정 장기요양기관'이라고 간판에 명시되어 있다.

당사자나 가족은 상태가 악화되어도 결정을 내리기 몹시 어려워한다. 일상생활이 어려울 정도의 심신 허약 상태에 가족이 돌볼 수 없는 상황이라면 노인복지시설 선택의 시기가 온 것이다.

대한의사협회 산하 의료정책연구소의 연구 보고에 따르면 '노인장기요양보험 대상자 중 적어도 하나 이상의 질환을 갖고 있는 대상자가 약 55.4%이며, 이들은 돌봄과 의료서비스를 함께 제공받아야 하는 대상자'라고 한다. '실제 의학적 치료가 필요한 경우가 대부분이나 의사가 상주하지 않기 때문에 의학적 치료를 시의 적절하게 병행하기 어려운 환경이며, 치료가 필요함에도 간병비 부담 등을 이유로 시설로 입소하는 경우(입소환자의 30.4%)가 발생하고 있다'고 연구 결과를 밝

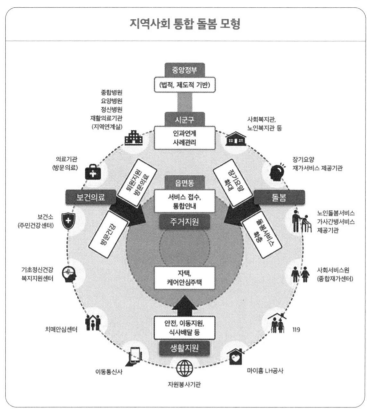

지역사회 통합 돌봄 모형

중앙정부
(법적, 제도적 기반)

종합병원
요양병원
정신병원
재활의료기관
(지역연계실)

사회복지관,
노인복지관 등

시군구
인과연계
사례관리

의료기관
(방문의료)

장기요양
재가서비스 제공기관

퇴원환자 방문의료

장기요양 확대

읍면동
서비스 접수,
통합안내

보건의료

돌봄

주거지원

돌봄서비스 확충

방문건강

보건소
(주민건강센터)

노인돌봄서비스
가사간병서비스
제공기관

기초정신건강
복지지원센터

자택,
케어안심주택

사회서비스원
(종합재가센터)

치매안심센터

안전, 이동지원,
식사배달 등

119

생활지원

이동통신사

마이홈 LH공사

자원봉사기관

출처; 대한민국정책브리핑

히고 있다.[22]

요양병원에서는 간병인을 따로 고용해야 하기 때문에 비용 부담이 큰 편이라서 치료가 필요한 상황에서도 요양병원에 입원하지 않고 요양원 입소를 택하는 경우가 많다는 뜻이다.

어디로 가야 할까? 최종의 선택지가 요양원이나 요양병

시니어 파워 시대

원이 된다면 시니어들의 선택은 어디가 될까? 위 보고서에서는 요양병원도 요양원도 아닌 자기가 살던 지역에서 1차 의료를 받을 수 있는 '요양의원' 개설을 대안으로 제시하고 있다.

정부에서는 지역 커뮤니티 케어를 2018년부터 추진하고 있다. 대부분 자신이 살던 집에서 생애를 마무리하고 싶어 하기 때문에 주거·생활·보건의료·돌봄이 지역사회에서 이뤄질 수 있도록 통합적 돌봄 체계를 구축하겠다는 것이다.

___ 살던 집에서 생애를 마감하는 통합 돌봄

돌봄은 이제 국민 대다수가 겪고 있는 버겁고 어려운 숙제이다. 노인인구가 5명당 1명꼴이니 한 가구당 한 사람씩 돌봄이 필요한 사람이 있다고 가정해도 무리가 아니다. 패시브 시니어에게는 의료와 돌봄이 평소 생활하던 공간에서 이뤄지는 것은 최상의 복지라 할 수 있다.

2017년 노인실태조사 결과, 57.6%가 거동이 불편해도 살던 곳에서 여생을 마치고 싶다고 답했다. 이에 정부는 2018년부터 지역 커뮤니티형 돌봄 체계를 추진해 오고 있다. 당장의 문제도 해결되어야 하지만, 고령인구의 급속한 증가로 인한 복지비용 증가 부담도 통합 돌봄을 추진하는 배경이 되었다.

통합 돌봄이 성공적으로 정착되려면 이전에 반드시 논의하고 숙고해야 하는 것이 있다. 바로 패시브 시니어가 되기 전, 액티브 시니어 단계에 대한 시스템이다. 은퇴나 퇴직 등으로 일선에서 물러나 시니어 대열에 합류했을 때 아직까지는 지역에서 제공하는 프로그램이 전반적으로 부족한 편이다. 액티브 시니어들에게 재교육이나 취미, 지역 활동 등은 개인이 알아서 해야 하는 일들이다.

노인복지시설의 종류				
생활시설		이용시설		
노인주거 복지시설	노인의료 복지시설	노인여가 복지시설	재가노인 복지시설	노인보호 전문기관
양로원, 노인공동 생활가정, 노인복지주택	노인요양시설, 노인요양공동 생활가정	노인복지관, 경로당, 노인교실	방문요양서비스, 주야간보호시설, 단기보호시설, 재가노인 지원서비스, 방문간호서비스, 방문목욕서비스	중앙노인보호 전문기관, 지역노인 보호전문기관, 노인학대 예방센터
학대노인전용쉼터				

이런 상상을 해보자. 국가가 육아를 분담하면서 '어린이집'이라는 보육 복지가 제공되었듯, 마찬가지로 시니어 복지도 일상적이고 보편적인 제도가 마련된다면? 시니어 준비학교가 있어서 시니어 단계에 적응할 수 있는 기회가 생긴다면 어떨까. 물론 지자체에서 운영하는 시니어클럽, 노인교실, 복지관, 경로당 등등이 존재한다. 하지만 보편적 참여가 이뤄지지 않는다. 지자체에서 진행하는 시니어 프로그램들은 이제 변화하지 않으면 세금 하수구로 전락할 수밖에 없다. 기존 노인세대와 다른 시니어 세대가 대거 유입되고 있지만 이들을 수용할 수 있는 세련되고 다각화된 프로그램은 부족한 실정이다.

실제 현장의 많은 프로그램들이 65세에서 80세 이상까지 다양한 나이대의 시니어들이 다같이 참여하고 있어서 어려움을 겪고 있다. 시니어들 사이에서도 세대차가 분명하고, 도시와 농촌 간의 요구 사항도 다르다. 10년 전의 시니어와 현재의 시니어는 건강, 지식, 욕구에서 큰 차이를 보인다. 10년 전에는 20년이 넘는 세대 차이가 난다하더라도 1920년대생에서 1940년대생이 대부분이었고, 이들은 사회 문화적 배경이 비슷해서 함께 프로그램을 하기에 큰 어려움이 없었다. 10년 전만 해도 디지털 환경이 급변하지 않았기 때문에 프로그램이 아날로그 중심으로 진행되었다.

10년이 지난 뒤 오늘날, 시니어가 된 1950년대생과 1960년대생은 이들과 궤를 같이 하지 않는다. 디지털이 일상화되어 있어서 지자체의 시니어 프로그램에서도 큰 흥미를 느끼지 못한다. 게다가 키오스크나 문자 사용 정도의 디지털 리터러시 프로그램을 제외하면 거의 10년 전이나 지금이나 대동소이한 프로그램들이다.

시니어의 다양성을 인정하고 그에 맞는 다양한 프로그램이 있어야 지역에서의 통합 돌봄까지 발전할 수 있다. 자신이 살고 있는 지역사회에 적극적으로 참여할 수 있는 기반이 없는데 어떻게 지역사회에 본인이 도움을 받고 또 도움을 주면서 융화되어 살 수 있겠는가. 나이 들수록 사회의 주요한 일원으로 시대의 흐름으로부터 소외되는 기분을 느끼지 않는 것이 중요하다.

구분	노인복지관	경로당	노인교실
시설수	399	67,633	1,282
주요 사업	평생교육지원, 취미여가지원, 건강생활지원, 사회참여지원, 상담사업, 정서생활지원 등	노인복지관 연계 프로그램, 건강운동 활성화, 자원봉사 활동, 노후생활교육 등	어르신들의 취미생활과 관련된 학습 프로그램(강의형태)
특징	지역거점 노인여가시설	소그룹 어르신들의 사랑방	취미생활 관련 학습 프로그램 제공 시설

출처; 보건복지부, '21.12월 말 기준

시니어 파워 시대

말뿐인 통합 돌봄이 되지 않으려면 시니어들이 흥미를 갖고 적극적으로 참여할 수 있거나, 의무적으로라도 활동할 수 있는 다양한 인프라가 조성이 되어야 한다. 돌봄의 대상으로 시작되는 시니어 생활이 아니라, 스스로를 돌볼 수 있는 주체가 되도록 만들어 가는 환경이 절실하게 요구되는 시점이다.

___ 통합 돌봄은 세계적 추세

모든 나이가 중요하다는 독일

독일은 고용보험, 연금보험, 산재보험, 의료보험, 간병보험 등 5가지 사회보장을 실시하고 있다. 이 가운데 연금보험은 노후 소득을 보장하는 공적 연금으로 우리나라 국민 연금과 비슷하다. 간병보험(수발보험)은 우리나라의 노인장기요양보험과 유사하며, 전 국민이 의무가입하고 그 재원으로 간병하는 사람에게 보험급여를 지급한다. 집에서 가족을 간병하느라 경제활동을 하지 못하는 이에게 현금으로 급여를 주기 때문에 생활여건을 안정시킨다는 평가를 받고 있다.

독일은 2012년부터는 '모든 연령이 중요하다(Every age counts)' 캠페인을 도입하고, 2015년 '전 세대의 부와 삶의 질

향상(More wealth and quality of life for all generations)' 캠페인으로 발전시켰다. 이를 실현하기 위한 방안 중의 하나로 '돌봄 공동체(caring communities)'의 중요성을 내세우며 통합사회계획으로 확장해 나가고 있다.

지역사회가 돌봄 공동체가 되기 위해서는 시민, 복지단체, 정치인 및 행정 관계자 모두의 협력이 필요하다. 그리고 '모든 연령이 중요하고, 전 세대의 부와 삶의 질이 향상'되도록 하기 위해서는 기존의 고령자 친화적 돌봄 계획보다는 훨씬 더 체계적이고 포괄적이며 거시적인 계획을 수립해야 한다. 예를 들어 고령자나 장애인이 다닐 수 있는 거리를 만들려면 보도블록의 연석을 낮춘 무장애 이동로 같은 것들이 필요해진다. 주택, 교통, 도시 개발 등이 사회서비스 설계에 포함되어야 하므로 시민과 지역 복지협회, 기업 등 다양한 이해관계자가 계획 수립 절차에 적극적으로 참여해야 한다.[23]

이러한 통합사회계획으로 노인복지를 확장하는 이유는 독일 또한 고령화의 몸살을 앓고 있기 때문이다. 대다수 노인들은 자신이 살던 집을 떠나고 싶어 하지 않고, 이들은 가족과 지역사회의 도움을 받을 수밖에 없다. 지역형 통합 돌봄을 택하면서 단순한 커뮤니티가 아닌 통합사회계획을 수립하려는 것은 당연하다.

노인이 VIP인 핀란드

핀란드는 노인 돌봄의 일환으로 장기요양서비스를 시행하고 있다. 핀란드는 중앙정부의 지침에 따라 재정 규모와 수요 인구가 각기 다른 300여 개의 기초자치단체가 자율적으로 운영하고 있어 서비스 규모와 질의 차이가 비교적 큰 편이다. 장기요양서비스 또한 기초자치단체의 관리하에 공공과 민간, 비공식 돌봄 제공자가 제공하고 있다. 비공식 돌봄 제공자란 정부나 의료기관이 아닌 고령, 장애 혹은 만성질병을 앓고 있는 가족 구성원을 거주환경 내에서 돌보는 이를 가리킨다. 가족 돌봄에 종사하면 정부는 수당이나 휴가 등을 지원한다. 기초자치단체와 비공식 돌봄 제공자가 금액, 지불 방법, 법정 휴가 자격, 돌봄 계획(care plan) 등이 명시된 계약을 체결하고 현금이나 현물 등을 지급하는 방식이다.[24]

핀란드는 국제연합(UN)이 발표하는 세계 행복지수 1위를 6년 연속 차지할 만큼 복지 체계가 좋은 나라이다. 복지를 위해 지출하는 돈만큼이나 세금과 물가가 높다. 세금을 토대로 돌봄 제공자에 대해 높은 급여와 휴가를 보장한다. 예를 들어 90세의 노모를 60세의 딸이 돌보면 딸은 기초자치단체와 맺은 계약에 근거해 급여와 휴가를 보장받는다. 딸의 휴가 기간 동안에는 정부가 90세 노모를 요양시설에서 임시보호를 하거나 다른 돌봄 제공자를 구해준다. 돌봄을 받지 않는 노인들은 연금과 거주지원금을 받는데 현역 때 급여의 70% 수준이다. 우리나라도 요양보호사 자격증을 취득하던 가족에 한해 급여를 지급하고 있다. 하지만 휴가를 보장하거나 대체 인력을 투입해 준다든지 하는 제도는 없다는 점에서 다르다.

또한 핀란드에서는 노인들의 문화생활 불평등을 해결하고자 '꿀뚜리 꿈미'라는 프로그램을 도입해 활용하고 있다. '꿀뚜리 꿈미'는 문화생활을 함께 하는 친구, 후원자라는 뜻이다. 노인은 이 프로그램이 후원하는 전시나 영화, 연극, 공연, 스포츠 경기 등 문화생활을 같이 할 친구의 나이와 성별을 정해 신청할 수 있다. 이후 맺어진 '꿀뚜리 꿈미'와 함께 가면 입장료를 내지 않고 함께 문화생활을 즐길 수 있다. '꿀뚜리 꿈미'는 외로운 노인들에게 사회적 교류와 상호작용을 촉진시킬 수 있는 문화체험 공유 프로그램이다.[25]

핀란드에서는 중증 치매환자라 하더라도 노인은 VIP 고객이다. 커피를 사러 가거나 운동을 하러 갈 때 동행해 줄 사람을 정부에 요청할 수 있고, 정부는 동행해 준 사람에게 인건비를 지불한다. 노인이 얼마나 활동하고 쓰는지에 따라 지역 경제에도 기여하고 일자리도 창출하는 것이다. 복지 수준이 높다 보니 노인은 노인이라는 이유만으로도 그 지역에 필요한 존재이다.

하지만 공공이 아닌 사립병원에서 장기요양하게 될 때에는 그 비용은 자부담이며, 우리나라 도시생활자의 월 평균 급여를 훨씬 웃돌 정도로 매우 비싸다고 한다.

노후는 자기 집에서 보내는 영국

영국은 일찍부터 고령화에 대응해 온 나라이다. 그 결과 현재는 고령자가 지역사회에서 편안한 노후를 맞이할 수 있도록 주택과 돌봄서비스를 결합한 커뮤니티형 복지를 지향한다. 고령자 주택은 지원주택(Housing with support), 돌봄주택(Housing with Care), 케어홈(Care home) 세 가지 유형이 있다. 지원주택은 노인, 장애인 등이 독립적으로 삶을 영위할 수 있도록 제공되는 공공임대주택 같은 것이다.

돌봄주택은 노인들의 활동과 위생을 돕는 다양한 서비스를 제공하지만 간호 서비스(nursing services)는 제공되지 않는다. 돌봄주택의 거주 비용은 주택 소유 여부, 활용하는 치료와 서비스 수준에 따라 달라지며, 일반적으로 높은 비용이 소요되지만, 시설 돌봄(residential care)보다는 저렴하다고 한다.[26]

영국은 의학적 치료가 필요한 노인의 의료비와 돌봄 비용을 국가보건서비스(NHS)에서 모두 담당한다. 국민건강보험을 별도로 징수하는 게 아니라 세금 안에 의료보험료가 포함되어 있다. 마지막 단계에 이른 고령 환자가 공공 요양시설로 가는 경우에 국가보건서비스에서 비용을 모두 부담하고 있다.

민간 장기요양시설은 재정 능력에 따라 당사자가 직접 부담하나, 재정 능력이 없는 사람은 지방정부에서 부담하기도 한다. 개인이 원할 경우 본인 부담으로 민간시설을 이용할 수 있으나 비용은 비싼 편이다.

영국의 모든 국민은 자신이 거주하는 지역 내 1차 진료 의사를 자신의 주치의(GP)로 등록해야 한다. 주치의는 약사, 지역 간호사와 정보를 교류한다. 주치의 제도는 독립된 개업의가 국가보건서비스와 계약을 맺는 사실상 국가보건서비스이다. 2차 의료는 우리나라의 종합병원 같은 국가보건서비스 소속 병원이 담당한다. 주치의 판단이 있어야 2차 의료를 담당하는 병원으로 갈 수 있다. 영국에서는 병원과 약국 수, 거리 등에 대해서도 법령으로 정하고 있어 개인이 마음대로 병의원이나 약국을 개설할 수 없다.

영국 노인복지의 기본 방향은 커뮤니티 케어법(Community Care Concept)의 적용 또는 탈시설화 정책을 추구한다. 다시 말해 '노후는 자기 집에서'라는 노인정책의 기본적인 방침에 입각한 것이다. 노인들의 시설 수용을 최대한 줄이고 가능한 한 그들이 살고 있는 주택에 그대로 머물며 생활할 수 있도록 국가나 사회가 돕는다.

최근 영국에서는 지역사회 서비스를 지원함으로써 노인보호시설에 가지 않고도 지역사회에 남아 생활할 수 있도록 돕고 있다. 커뮤니티케어법을 도입하고 지역사회에서 통합 돌봄이 이뤄지도록 유도하고 있다. 재가보호서비스, 주간탁로소, 식사배달 서비스, 지역요양과 주간병원 서비스, 이동식 주간병원과 주간센터도 마련하고 있다.

영국의 국민보건서비스는 국민보험과 함께 사회보장제도의 양대 축을 이루고 있다. 이 제도 덕택에 모든 국민은 필요할 때 언제나 병원에서 치료를 받을 수 있다.[27]

일상생활과 의료를 병행하는 일본

우리나라가 세계에서 가장 빨리 고령화가 진행되고 있는 나라라면, 일본은 세계에서 가장 빨리 이미 고령화가 진행된 나라이다. 일본 국민 10명 중에 3명은 65세 이상이고, 10명 중에 1명은 80세 이상이다. 일본의 개호보험은 영어의 케어(care)를 음차한 것이다. 일본은 2000년에 개호보험을 도입하고 고령화에 대비해 왔다. 우리나라 노인장기요양보험이 가장 많이 벤치마킹한 것이 일본의 개호보험으로 내용이나 지원방식은 우리나라와 거의 유사하다.

그러다가 2010년대 초반에 지역포괄케어시스템을 구축한다. 지자체에서 지역포괄지원센터를 중심으로 시니어 권리나 의료 예방지원 등의 종합 케어를 해나가고 있다. 지역포괄케어시스템의 도입으로 '병원과 시설'에서 '지역과 재택'으로 치료보다는 예방에 더 힘을 기울이고 있다. 복지정책의 중심을 지역자치단체에 맡기고 재가 서비스를 확대해 나가는 추세이다. 재가 서비스를 이용할 경우 돌봄 종사자를 파견하고 말동무 AI를 제공하는 등 되도록 살던 곳에서 치료와 생애를 마감할 수 있도록 유도하고 있다. 일본의 지역포괄케어시스템은 의료와 개호가 연계되는 것이 핵심이다.

대부분의 병상운영이나 요양시설 운영은 우리와 비슷하지만 '개호의료원'을 운영하는 것은 우리와 차이가 있다. 돌봄이 필요한 노인에게 '장기요양을 위한 의료'와 '일상생활의 개호(케어)'를 일괄 서비스하는 의료시설이다. 지방공공단체나 의료법인 사회복지법인 등의 비영리 조직에서 개설할 수 있는 개호의료원은 개호보험법상으로는 개호보험시설이지만 의료법상으로는 의료제공시설이다. 우리나라는 의료 서비스를 제공하는 요양병원과 일상서비스를 제공하는 요양원으로 나뉘어 있고 그 중간 형태가 없는데 일본은 의료와 일상을 포괄하는 개호의료원이 존재한다.[28]

각 나라의 노인 의료와 주거 복지 등에 대해 짧게나마 살펴보면 한 가지 공통 현상을 발견할 수 있다. 노인 복지 첫 걸음마 단계에서는 양로원, 요양시설, 노인주택 등에서 노인을 돌보는 시스템이었고, 수용 능력이나 비용지출의 한계가 보이자 독일, 일본, 영국 등 다양한 나라가 커뮤니티 케어로 방향을 수정하고 있다.

커뮤니티 케어는 '지역사회에서 늙어가기'(Aging in Place)를 추구하는 정책으로, 지역사회 내 여러 자원을 구축해 노인이 친숙한 장소에서 노후를 보내며 사회적 관계를 유지할 수 있도록 돕는다. 시설이 아닌 지역사회에서 돌봄을 가능하게 하는 것이 장기적으로 국가 재정을 건전하게 유지하는 길이기도 하다.[29]

시니어 시기를
인생의 앙코르 무대로

4

_____ 은퇴 전후 10년이 클라이맥스

은퇴를 대신할 적당한 단어를 찾을 수가 없지만, 분명 한 사이클이 끝나는 시기가 존재한다. 우리는 인생을 두 사이클로 살아야 하는 시대를 살고 있다. 두 번째 시기가 시작되는 나이는 60세부터 80세까지 말하는 사람마다 다르다. 정년퇴직을 기준으로 일반 공무원은 60세에 은퇴하면 새로 시작한다고 하고, 교사는 62세가 정년퇴임이라 그때부터라고 답한다. 통계청의 '2024년 5월 경제활동인구조사 고령층 부가조사 결과'를 보면, 전체 응답자의 69.4%는 평균 73.3세까지 계속

일하기를 희망한다고 응답했다.[30]

　생체시계와 생애주기, 경제활동 삼박자가 착착 맞아 떨어지는 사람은 거의 없을 것이다. 나이에 압박감을 느끼지 않고 자신에게 맞는 두 번째 사이클을 찾아 계획을 세워야 한다. 그런데 두 번째 사이클에서조차 자기 뜻대로 잘 안 되는 경우가 많다. 중년을 넘기면 돈 버느라 소홀했고, 가족 먼저 챙기느라 내면의 욕구를 외면한 자기 자신을 위해 다음 시간을 쓰기를 간절히 소망하며 버틴다. 그 시간은 100% 자기를 위해 쓸 수 있을 거라 믿어왔는데, 막상 해결해야 할 다른 문제가 그때 가면 또 기다리고 있다.

　교육 혜택이 많았던 5060 베이비붐 세대들은 이를 너무도 잘 인지하고 있고, 다시 교육으로 해소하려는 경향을 보인다. 서울시에서 운영하는 '50플러스 인생학교', 서울 서초구 '서리풀 시니어 새로이 학교', 경기 성남 '신중년 신세계 시민학교', 경기 수원 '시니어 학습플랫폼 뭐라도 학교', 오산 '백년시민대학', 경북 칠곡 '사부작학교' 등등은 이런 욕구를 반영한 프로그램들이라고 할 수 있다. 5060을 위해 '새로 시작하는 교육' 인프라가 빠르게 조성되고 있다.

　두 번째 사이클을 즐겁게 타려면 은퇴하기 거의 10년 전부터 진지하게 준비를 해야 한다. 재취업해서 돈을 더 벌거라고 생각했는데 구직활동 기간이 길어진다거나, 자녀에게 예기치 못한 일이 생기거나, 취미생활 겸 재취업을 위해 재교육에 도전했는데 몸이 아프다거나 하는 여러 가지 변수가 생긴다. 이 모든 것들에 다 대비해서 계획을 짤 수는 없겠지만 계획을 세심하고 꼼꼼하게 세울수록 대비 가능성은 커진다.

클라이맥스는 은퇴 전후 10년이다. 보편적으로 65세에서 75세까지 인생 앙코르 무대에 다시 선다는 생각으로 은퇴하기 10년 전부터 준비해야 한다. 은퇴 전문가나 재무 전문가들은 그토록 하고 싶었던 것들을 실현하기 위해서는 한정된 시간을 잘 쓸 줄 알아야 하고 재무, 건강, 경력(취업), 관계, 여가 등의 준비가 필요하다고 조언한다.

이 가운데 재무 현황 파악은 나머지 건강과 경력관리, 인간관계와 여가를 조율하는 가장 근본적인 토대이다. 따라서 은퇴하기 10년 전부터는 꾸준히 자산이나 부채 등의 재무 조정을 해나가야 한다.

젊었을 때는 대출로 산 아파트가 가격이 오르거나 갚을 시간이 남아 있어서 빚도 자산이라는 소리를 쉽게 할 수 있다. 시니어에게 가장 슬픈 것은 만회할 시간이 줄어든다는 것이다. 사면 오른다고 장담할 수 없고, 대출 환경도 각종 규제 때문에 많이 바뀌었다. 되도록 현역에 있을 때 부채는 다 정리되어야 한다.

엄청난 경제적 자유를 달성하고 은퇴하는 경우라 하더라도 계속 일하고 싶어 하는 시니어들이 많은 만큼 시니어들의 일자리 창출은 이제 심각한 사회적 문제로 대두되고 있다. 5060시니어들의 취업률이 늘어나는 대신 2030청년들의 취업률은 점점 줄고 있는 현상에 주목하지 않을 수 없다. 2030청년들이 기피하는 3D 업종을 5060이 메우고 있음은 쉽게 유추할 수 있다. 5060이 모두 3D 업종에 취업하는 것도 아니다. 대기업 출신, 공무원 퇴직자, 은행원이나 교사 명퇴자들이 다 어디에 취업하겠는가. 실제 이들이 원하는 일자리는 부족하고, 우리 사회는 거기에 전혀 대비하지 못하고 있다.

만약에 은퇴 후 일할 마음이 전혀 없다면 금융소득이나 연금소득을 늘려놔야 한다. 앞서 예로 든 1백만 원 소득은 한 달 12.3일을 일해도 되고, 7억 원을 은행 이자로 받아도 된다. 7억 원을 연금 상품에 넣어두면 소득이 더 커질 수도 있고, 주식에 투자한다면 수익률에 따라 늘어날 수도 있고, 손해를 볼 수도 있다. 개인 성향에 맞게 재무에 대한 진지한 목표를 세우고 실현해야 한다. 행복한 시니어 시기를 위해서는 적어도 은퇴하기 10년 전부터 준비가 필요하다.

의학기술은 눈부시게 발달했지만 질병과 의료비 부담에서 완전히 벗어날 수는 없다. 의료비와 간병비, 또는 실비보험이나 암보험 등 건강에 대한 대비 또한 충분히 해두어야 한다. 평소 건강검진을 소홀히 해서는 안 되며, 운동이나 체중 관리 식이식단 등은 개인 질병에 따라 관리가 필요한 항목임은 너무나 잘 아는 사실이다. 실천이 더 중요하다.

그리고 어디에서 살 것인가도 미리 계획해야 한다. 현재 거주지 유지, 고향이나 근교로 귀농, 실버타운이나 시니어 레지던스, 노인주택 입주, 자녀와의 동거, 은퇴이민 등 어디에서 생애를 마감할 것인가에 맞춰 준비를 해둬야 한다.

비즈니스 종사자들도 마찬가지이다. 향후 시니어 비즈니스에서 황금지갑으로 불리는 베이비붐 세대들이 은퇴하는 10년 동안이 비즈니스의 황금 기회가 될 것이다. 그리고 이후는 뭐가 어떻게 될지 아무도 장담하지 못한다. 인간이 만들어 낸 디지털 기술은 이미 인간을 넘어서고 있기 때문에 어디로 얼마나 어떻게 발전할지 예측하기 어렵다.

_____ 역할 상실 대신 새로운 역할 찾기

어느 카페에서 아르바이트생을 구하기 어려워 구인 광고의 조건을 바꾸었다.

'나이 제한 없음'

이 문구를 올린 뒤 하루에 한 건도 문의가 없던 아르바이트생 문의가 급증했다. 거의 50대 이상 시니어들이었다. 카페 사장은 시니어를 채용하는 것이 막연하게 걱정되었지만 어쩔 수 없이 그 가운데 한 남성을 채용했다. 50대 남성은 지각 한 번 없이 성실하게 일해서 시니어를 채용한 것을 후회하지 않게 만들었다.

하루는 카페에서 젊은 청년 매니저와 손님이 시비가 붙었다. 하마터면 큰 싸움이 날 뻔했는데 50대 아르바이트생이 나서서 "아휴, 손님 화내지 마시고 저한테 이야기하세요." 라고 말한 뒤 잘 달래어 손님을 보냈다. 손님이 가고 난 다음에는 젊은 매니저에게 "손님 중에는 온갖 사람이 다 있어요. 털어버리세요." 하고 편들며 위로했다. 이 일을 계기로 카페 사장은 자신이 생각한 50대와 시니어는 어떤 이미지였는지 곰곰이 돌이켜보았다고 한다.

사회는 이런 멋진 어른을 원한다. 잔소리와 상명하달식 태도로 일관하는 꼰대가 아니라 젊은 나이에서는 미처 못 하는 일들을 현명하게 처리해 주고 용기를 듬뿍 주는 어른 말이다.

'나는 멋진 어른으로 성장하고 있는가?'

남은 생애까지 진정한 어른으로 성장하고 있는지, 늙어가는 게 아니라 매일 더 성숙해지고 있는지 자신에게 물어봐야한다. 이런 건강한 생각은 자신의 역할이 바뀌고 있음을 받아들일 때 가능하다. 육체는 따라가지 못하고 있는데 마음만 젊다고 해서 그 역할을 할 수 있는 게 아니다.

_____ 취미와 인간관계 만들기

현역에서 전문직에 종사했던 사람이나 전문가 역할을 했던 사람일수록 자신의 노화를 받아들이기 힘들어한다. 툭하면 '이제 돈 안 벌어온다고 나를 무시해?'라는 생각이 들고, 친구나 가족들 사이에서조차 대접받지 못한다고 비관하기 일쑤이다. 너무 열심히 살았기 때문에 만나는 의외의 심리적 복병이다.

휴식은 재충전의 의미에서 필요하고, 여행 등으로 어느 정도 자신에게 보상을 해줄 필요가 있다. 하지만 길어지면 노화를 가속화시키는 지름길이 된다. 휴식을 취하는 동안에도 취미를 가지고 꾸준히 동호회나 커뮤니티 활동하면 좋다. 복지관이나 노인교실에 가기에는 꺼려지고, 동호회에 들어가기에는 먼저 친해진 사람들 사이에서 소외될까 봐 저어되는 경우라면 '오뉴'나 '오이' 같은 새로운 취미 사이트의 도움을 받는 것도 하나의 방법이다.

또한 가족에게 집착해서도 안 된다. 가족도 엄밀하게는 타인이다. 그들도 나름대로 개인생활을 하고 있기 때문에 집착하는 느낌을 받으면 갈등의 씨앗이 된다.

나이가 들어갈수록 새로운 인간관계를 꺼리는 경향이 있다. 관계는 물질적 심리적 시간적 투자를 요하는 것이기 때문에 손해보고 싶지 않고 상처받기 싫고 시간도 아깝다는 것이다. 그런 생각이 들수록 취미활동이나 여가활동 등이 필요하다. 공동의 관심사를 가진 사람들 사이에서 물질과 시간을 투자해서라도 정서적 만족을 얻으면서 사회적 관계도 유지할 수 있도록 노력해야만 한다.

___ 굿 엔딩을 위한 준비

안락한 노후를 위한 돈과 남들 눈에 젊어 보이는 외모는 물론 중요하다. 하지만 품격 있는 어른으로 자리매김하는 것보다 먼저는 아니다. 혹시라도 남은 시간은 내 마음대로 살겠다고 결심하면서 품위를 잃어버리는 행동과 말에 집착하지는 않는가. 미를 추구한다는 명목으로 어울리지 않는 이미지를 고집하지는 않는가. 행여나 논리가 부족하면 한 살이라도 더 먹은 사람 말을 들으라고 강요하지는 않는가. 성숙한 어른으로서 품위를 잃지 않고 좋은 인생의 마무리를 향해 가느냐 하는 질문을 가슴에 늘 새기고 있어야 한다.

누구나 자신이 죽을 때를 상상하고 준비한다. 연명치료 거부 서약서를 쓰고, 재산을 정리해서 상속과 기부를 정하고, 생애의 남은 시간을 자신이 어떻게 살아왔는지 기록을 남기는 등 웰다잉 운동이 확산되고 있다.

사실 우리 사회에서 자연사는 사라진 지 오래이다. 어떻게 엔딩을 맞이할지 고민할 겨를도 주지 않는다. 물 한 모금 넘기지 못할 만큼 아프면 병원에 가고, 기계적인 연명치료 행위에 돌입한다. 환자에게도 가족에게도 힘든 생애의 마지막 시간에 자연스럽게 죽는 것은 기대하기 어렵게 된다. 대부분 우리가 주변에서 목격하는 생애 마지막 순간이다. 이것은 굿엔딩일까?

시니어 시기를 행복하게 보내려면 그 어떠한 경우에라도 자기의 존엄이 지켜질 수 있다는 믿음이 있어야 한다. 마지막으로 인생의 앙코르 무대를 잘 내려오려면 어떤 엔딩이어야 할까. 노화를 겪기 전에 미리 고민하고 자신의 엔딩에 대한 준비가 필요하다. 잘 태어나 잘 사는 것만큼 잘 죽는 것은 중요한 자기 결정이어야 한다.

참고의 출처

1. 에듀테인먼트 관련 연구를 통한 에듀테인먼트 재개념화에 대한 연구(2014, 교육정보미디어학회)

2. 잡코리아 취업뉴스 2020.1.

3. 아시아경제 2023.4.3. 10대기업 근속연수 10년간 1.7년 늘었다. 남녀 차는 2.2년 감소

4. 데이터 관리 플랫폼(DMP·Data Management Platform) 기반 앱 분석 서비스인 모바일인덱스를 통해 우리나라 유튜브 앱 사용자 현황 분석에 따르면 2022년 9월 현재 월간 사용자 수(MAU·Monthly active users)는 4,319만 명을 넘어 전체 인구 5,178만 명 중 83%가 이용하고 있으며 월 평균 시청시간도 30시간 34분으로 세계 평균(23시간 24 분)보다 훨씬 긴 것으로 나타났다.

5. 아시아경제 오피니언 칼럼 2024. 3. 14. 고령화 기회 좋는 비즈니스 전쟁의 서막

6. 중앙일보 2024.5.21. '860만 영시니어가 온다①'

7. 중앙일보 2024.4.24. 'OECD 1위' 노인 빈곤율, 부동산 연금화 땐 14~16%P 낮아져

8. 한겨레신문 2024.1.23. '93살에 신체능력 30대'

9. 서울아산병원 뉴스룸 2023.8.2. 대한민국 노인, 10년새 만성질환 2배 늘고 노쇠 절반 줄었다

10. 아셈노인인권전문센터에서 국문번역해서 올린 〈UN건강한 나이 듦10년 경과보고서, 2021-2023〉에서 참고 발췌.

11. 월간 CEO& 2024년 4월호 '향후 30년간 확대될 액티브 시니어의 소비 파워'

12. 2023.4.17. 중앙일보 일하는 사람 5명 중 한명은 60세 이상…'워킹 시니어' 급증세

13. 전자신문 2024. 07.04. X세대가 온다. 장수(長壽)마케팅에 주목하라! 강정아 수퍼플레이 대표 "경제력 보유한 소비 인구 등장"
    슈퍼가 올바른 표기이나 '수퍼플레이'는 기업명이므로 수퍼로 표기.

14. 굿네이버스 미래재단 2021. 6. 11. '고령화 시대 미래형 시니어주거와 삶을 논하다' 주제 포럼

15. 비즈니스 포스트 2022.8.24. 노년 주거복지 명성 핀란드 로푸키리, 한국 시니어타운의 미래를 묻다

16. 한국보건사회연구원에서 2019년 전국 50~69세 약 4000명을 대상으로 실시한 '신중년 생활실태 및 복지욕구 조사'를 바탕으로 신중년의 사회참여 수준을 살펴보았다.

17. 액티브시니어의 여가활동 참여에 따른 여가촉진, 자아실현 및 웰에이징의 구조적 관계 (한국여가레크리에이션학회지, 2023, 제47권 제2호, 55~66)

18. 도쿄신문 2024.5.2. 간병+미용, 고령자를 웃는 얼굴로!

19. 서울시50플러스재단 50+리포트 2021년 02호 장혜진

20. 서울시50플러스재단 50+정책동향리포트 2023년 제3호 정혜윤

21. 서울시50플러스재단 50+정책동향리포트 2023년 제2호 김규연

22. 대한의사협회 의료정책연구소, 연구보고서 2022-18 "초고령사회 대비 일차의료 중심의 의료돌봄 통합체계연구" 2023.2

23. 국제사회보장리뷰 2022 가을호 Vol. 22, pp. 17~25

24. 국제사회보장리뷰 2022 겨울호 Vol. 23, pp. 121~127

25. 오마이뉴스 23.06.27 [2023 글로벌 리포트 - 다가올 미래 '老월드'] 행복 국가 핀란드의 노인들

26. 국제사회보장리뷰 2022 여름호 Vol. 21, pp. 100~111, 고령자 대상 주거지원정책, 영국과 일본을 중심으로

27. 조선비즈 2019.01.01.[초고령사회 유럽을 가다]① '의료와 돌봄' 통합한 영국...아픈 노인에겐 지역사회가 가족

28. 의료복지뉴스 2019.7.30. 일본 노인의료복지정책 변화의 시사점

29. 대학신문 2023.9.24. 지역사회에서 늙어가는 방법, 일본에서 엿보다

30. 2024.07.30. 한겨레신문 70대 후반에도 "82살까지 일할래"

시니어 파워 시대

초고령 대한민국, 비즈니스 판이 바뀌는 새로운 기회

초판 1쇄 발행 2024년 12월 20일

지은이   최성금

펴낸이   김영애
펴낸 곳   moRan
전화   031-955-1581
팩스   031-955-1582
전자우편   bookzee@naver.com
출판 등록   제406-2016-000056호

제작진행   스크린그래픽
디자인   Designgroup ALL

ISBN   979-11-982068-0-0 03330